MARLY BULCÃO

O RACIONALISMO DA CIÊNCIA CONTEMPORÂNEA

Introdução ao Pensamento de Gaston Bachelard

Edição
Revista e Ampliada

IDÉIAS & LETRAS

Diretor Editorial:
Marcelo C. Araújo

Editores:
Avelino Grassi
Márcio F. dos Anjos

Coordenação Editorial:
Ana Lúcia de Castro Leite

Revisão:
Bruna Marzullo

Diagramação:
Simone Godoy

Capa:
Marco Antônio dos Santos Reis

* Revisão do texto conforme o Novo Acordo Ortográfico da Língua Portuguesa, em vigor a partir de 1° de janeiro de 2009.

IDÉIAS & LETRAS

Editora Idéias & Letras
Rua Pe. Claro Monteiro, 342 - Centro
12570-000 Aparecida-SP
Tel. (12) 3104-2000 - Fax (12) 3104-2036
Televendas: 0800 16 00 04
vendas@ideiaseletras.com.br
http//www.ideiaseletras.com.br

Dados Internacionais de Catalogação na Publicação (CIP)
(Câmara Brasileira do Livro, SP, Brasil)

Bulcão, Marly
O racionalismo da ciência contemporânea: Introdução ao Pensamento de Gaston Bachelard / Marly Bulcão. – Ed. rev. e ampl. – Aparecida, SP: Idéias & Letras, 2009.
Bibliografia.

1. Ciência - Filosofia 2. Bachelard, Gaston, 1884-1962 - Crítica e interpretação 3. Racionalismo 4. Teoria do conhecimento I. Título.

09-08005 CDD-192

Índices para catálogo sistemático:
1. Racionalismo da ciência:
Filosofia francesa
192

A Renata e Tatiana e a Rafael, Bernardo e Vitor, que, cada vez mais, me fazem acreditar num mundo novo.

A razão felizmente incompleta já não pode adormecer na tradição, já não pode contar com a memória para recitar tautologias. Sem cessar necessita provar e provar-se. Está em luta com os outros e consigo mesma. Desta vez tem garantia de ser incisiva e jovem.

Gaston Bachelard

NOTA DA AUTORA

A primeira edição deste livro foi publicada em 1981 pela Edições Antares e teve sua tiragem logo em seguida esgotada. Em 1999 saiu uma 2ª edição do livro, desta vez pela Editora da Universidade Estadual de Londrina. Tratava-se de uma versão ampliada, contendo mais um capítulo sobre *O Materialismo Bachelardiano* e, mais uma vez, todos os exemplares foram vendidos no mesmo ano.

Como se trata de um livro de introdução ao pensamento de Gaston Bachelard que tem sido muito procurado por todos os interessados no estudo da obra bachelardiana, decidimos aceitar o convite da Editora Idéias e Letras para publicar uma nova edição.

Considerando que o saber é dinâmico e se transforma inesgotavelmente ao longo de seu desenvolvimento e tendo em vista que a pesquisa que vínhamos realizando sobre a obra deste pensador foi cada vez mais aprofundando ideias que consideramos fundamentais, esta última versão vem também acrescida de mais um capítulo sobre *A Noção de Tempo como Instante,* pois essa noção é fundamental para a compreensão das ideias primordiais da obra bachelardiana, uma obra de complexidade e riqueza incontestáveis e que se apresenta bifurcada em duas vertentes, a da epistemologia e a da poética.

Este livro tem como intuito apresentar somente a vertente epistemológica de forma introdutória e didática, pois foi por ela que o próprio Bachelard começou, o que não significa que posteriormente não apresentaremos um outro volume sobre a poética bachelardiana, complementando a exposição de todo o pensamento de Gaston Bachelard.

Acreditamos ter-nos mantido fiéis ao preceito bachelardiano de dinamismo do saber, não só elaborando uma edição mais ampliada, mas procurando, além disso, apresentar no final do livro uma bibliografia bem completa e atualizada das obras de Bachelard, acrescida de referências relativas aos principais comentadores nacionais e internacionais da obra do filósofo. Apesar de o livro apresentar um novo subtítulo, o título se manteve o mesmo com o intuito de mostrar que se trata da mesma obra, cujo sucesso de vendas foi incontestável.

Gostaríamos de agradecer o incentivo e a contribuição dos familiares, dos amigos e principalmente dos alunos que, sempre ao meu lado, servem de estímulo permanente à elaboração de novas ideias.

Marly Bulcão

SUMÁRIO

Prefácio à 1ª Edição

A Epistemologia das Ciências continua despertando crescente interesse em nosso meio intelectual. Alguns nomes, dentre os seus representantes estrangeiros, são por todos nós bastante conhecidos: G. Canguilhem, M. Foucault, J. Piaget, G. Bachelard.

Certamente é com Gaston Bachelard que o nome de Epistemologia das Ciências ganhou o conteúdo próprio e original com que hoje é conhecido.

Bachelard, filho de operário e por um tempo igualmente operário, conseguiu licenciar-se em ciências e ensinar Matemática no colégio secundário de sua cidade natal na França. Aos 35 anos iniciou seus estudos de filosofia e, mais tarde, foi professor de História e Filosofia das Ciências na Sorbonne.

A epistemologia de Bachelard sofre influência do pensamento filosófico de Bergson sobre a evolução criadora, no que diz respeito à inteligência. Mas, em Bachelard, não há o princípio da continuidade como em Bergson. Ele defende a descontinuidade neste movimento criador. Por outro lado, Bachelard se preocupa com as distorsões no ensino das ciências. Ele mostra que a verdade científica, fruto da pesquisa científica, pode desfigurar-se no ensino. Com efeito, a pesquisa nos dá sempre um "conhecimento aproximado", e o ensino às vezes nos dá imagens, analogias e fórmulas acabadas e dogmáticas. Ora, o ato epistemológico é um triunfo sobre um obstáculo inicial, a saber, a transformação da analogia em conceito científico.

A Epistemologia de G. Bachelard é a justificativa do "novo espírito científico" que opera na pesquisa científica das ciências da natureza, principalmente a partir da teoria da relatividade de Einstein. Jean Hyppolite diz que esta Epistemologia se constitui em "consciência de si" da ciência, acompanhando-a em todas as suas *démarches*. Ela consiste em reconhecer que o espírito científico vai do racional ao real e que o seu progresso é descontínuo.

Para Bachelard o mais importante na ciência moderna está no campo das hipóteses. A experiência nada mais é do que um momento da teoria: o da verificação. Ela é a produção de uma nova realidade pensada pela ciência e dela recebendo o seu sentido.

O que há de importante na Epistemologia de Bachelard é a sua afirmação de que o método científico faz o mesmo que a filosofia: utiliza um procedimento racional capaz de acompanhar o real em todas as suas contradições.

Para Bachelard a filosofia não se faz a partir das ciências, como propõe o positivismo. É do seio da própria ciência que se tira a filosofia para se poder filosofar sobre a ciência.

É assim, então, que Bachelard chega à definição da ciência como um "racionalismo aplicado", suscetível, de uma extensão e especialização crescentes, prolongando-se em criações técnicas e industriais. A ciência de que nos fala Bachelard é a que se desenvolve nas sociedades de tipo industrial.

O estudo aqui apresentado pela professora Marly Bulcão revela não só grande conhecimento da problemática das relações entre Filosofia e Ciência, mas também profundo conhecimento do pensamento de Bachelard. Ele é o resultado de sua pesquisa desenvolvida e apresentada em sua Dissertação de Mestrado em Filosofia pela Universidade Federal do Rio de Janeiro. Sem nada perder em clareza, a professora Marly Bulcão leva o seu trabalho a um nível que certamente será útil aos alunos dos cursos de graduação na área das ciências e da filosofia, bem como a todos quantos se dedicam ao estudo e ao ensino da metodologia das ciências.

Concentrando-se na questão da construção do objeto científico, a autora mostra com precisão as peculiaridades e a originalidade do enfoque dado por Bachelard, enriquecendo o seu estudo com a apresentação de dois modelos concretos de construção na Física e na Química.

O estudo que ora é publicado com o título de *O racionalismo da ciência contemporânea – uma análise da Epistemologia de Gaston Bachelard* é oportuno e de grande interesse para todos aqueles que se dedicam ao ensino de fundamentação das ciências.

Creusa Capalbo
Professora de Filosofia
da Universidade Federal do Rio de Janeiro
Rio de Janeiro, dezembro de 1980

Prefácio à 2ª Edição

O livro *O Racionalismo da Ciência Contemporânea*, lançado em 1981, na primeira edição, é um dos bons e importantes estudos que a Epistemologia bachelardiana recebeu em nosso país. Marly Bulcão, sua autora, inscreve-se entre os mais competentes estudiosos do assunto na última década.

A obra de Bachelard vem sendo redescoberta em diversos centros de excelência na Europa, tanto pela contribuição que ainda é capaz de desencadear quanto por seu caráter precursor e pela enorme importância das investigações que seu pensamento suscitou. Fala-se, por isso, em pensamento pós-bachelardiano, para designar, em Epistemologia e em poética, o impacto de sua reflexão na filosofia ulterior.

Os estudos de Marly Bulcão prosseguiram durante os anos que sucederam a primeira publicação do texto; foram enriquecidos e aprofundados pela contínua frequentação dos escritos de Bachelard e da bibliografia recente sobre a obra do pensador francês. A presente edição recolhe tal aprofundamento, mediante o acréscimo de capítulo sobre as implicações filosóficas do materialismo científico em Bachelard. O exame do conceito de materialismo, tal como se apresenta no filósofo, põe em relevo a ruptura da concepção bachelardiana com a noção tradicional do materialismo filosófico, enfatizando o trabalho transformador da ciência contemporânea sobre a matéria, a atividade criadora e reconstrutiva da razão, do racionalismo aplicado. O aprofundamento é especialmente evidente, também, no capítulo reformulado, re-escrito, que aborda a originalidade de Bachelard. A repercussão de seu pensamento, as intuições que fazem dele um anunciador da pós-modernidade, são cuidadosamente levantadas; assim, a relação ciência/filosofia, a pluralidade dos métodos, a noção de ruptura, o conceito de verdade, a reformulação da história das ciências pela introdução do conceito de descontinuidade, a noção de corte epistemológico, o antiaristotelismo, anticartesianismo, a retomada e superação de Kant, bem como a ressonância e a analogia de seu pensamento com os trabalhos de Prigogine, por exemplo, são alguns dos tópicos que a autora desenvolve, de modo exemplar. O fio condutor do trabalho é a noção da construção do objeto científico. É a partir desse eixo que a pensadora coloca ainda a indagação sobre a atualidade de Bachelard, fazendo ver a força heurística de sua filosofia.

Na conclusão do texto, nós nos deparamos com várias questões em aberto, que o estudo constante e a preparação da nova edição desencadearam. E com a promessa da autora de que outros trabalhos estão a caminho, a partir da obra fascinante de Bachelard, que parece ter a propriedade, quase mágica, de despertar em quem dela se aproxima o espírito de descoberta e criação, a aventura feliz, a paixão de conhecer sempre mais e melhor.

Constança Marcondes Cesar
Professora de Filosofia
da Pontifícia Universidade Católica de Campinas
São Paulo, dezembro de 1998

Introdução

Acreditou-se um dia no sucesso irrestrito da razão e da ciência. Imaginava-se, então, que o ano dois mil abriria as portas para um mundo novo e radioso, no qual o homem vitorioso viveria o triunfo que o domínio completo das forças da natureza lhe proporcionaria. É bem verdade que não se pode negar a fecundidade e a eficácia da ciência atual, mas por outro lado este sonho de poder trouxe uma dose grande de desilusão e inquietação, pois juntamente com as conquistas vieram consequências desastrosas e problemas que o progresso científico acarretou, como a poluição das cidades, a ameaça nuclear e as possibilidades negativas que o avanço da engenharia genética deixa vislumbrar. A crise não foi somente externa, abalada em suas ilusões progressistas; a ciência foi também atingida em seus fundamentos, pois com o surgimento das geometrias não euclidianas, da teoria da relatividade e da mecânica quântica, as teorias científicas sofreram transformações profundas que vieram abalar a crença numa verdade absoluta, ao mostrar que os princípios da razão não eram definitivos e universais, o que levou ao questionamento dos próprios fundamentos e limites do saber científico.

Refletir sobre a razão e a ciência tornou-se, pois, tarefa primordial em nosso século. Passou a ser imprescindível não só apontar suas ilusões de onisciência, mas também mostrar de forma mais consciente qual o verdadeiro significado do saber científico, assim como sua estrutura e seu papel no mundo contemporâneo.

O objetivo deste livro é, portanto, mostrar em que consiste o racionalismo da ciência contemporânea, apontando os novos caminhos que a atualidade científico-tecnológica assumiu, procurando penetrar no interior da prática científica, para aí discernir as mudanças que marcaram o desenvolvimento das ciências físico-químicas. Com o intuito de melhor delimitar o tema, foi escolhida a Epistemologia de Gaston Bachelard como fundante da análise proposta, análise esta que será conduzida a partir da temática específica da construção do objeto científico. Pretende-se, dessa forma, cumprir tarefa importante na atualidade, que será esclarecer melhor os meandros que a razão científica tomou ao longo de sua trajetória em direção ao estatuto que adquiriu na contemporaneidade.

Para melhor situar a temática da obra, vamos procurar responder a três questões que consideramos fundamentais:

Por que a escolha de Bachelard?

Por que, em Bachelard, optar pela análise da construção do objeto científico?

E em que consiste a noção de construção do objeto científico?

A opção pelo autor se deve ao fato de reconhecer a importância da Epistemologia bachelardiana, considerada hoje como filosofia expressiva que reflete adequadamente os novos caminhos que as ciências da natureza assumiram na atualidade. Introduzindo novas categorias epistemológicas, Bachelard consegue mostrar as características mais marcantes do saber científico contemporâneo. Apontando a descontinuidade que caracteriza a trajetória de progresso da ciência, mostra que esta se realiza através de rupturas com a tradição no sentido de constituir saber renovado e sempre jovem, que se impõe no cenário científico como mais abrangente, mais consistente e mais operatório que o anterior.

No momento em que surge o pensamento de Bachelard, três linhas epistemológicas dominavam o ambiente intelectual das universidades francesas: o positivismo comteano, o espiritualismo e o pensamento de Émile Meyerson.

A tradição positivista, muito forte na França na ocasião, negava a validade dos juízos metafísicos, defendendo que o único conhecimento verdadeiro era o científico, cujas proposições eram verificáveis e objetivas. A meta do positivismo comteano era elaborar uma "ciência da ciência", o que implicava a aceitação de uma ideia a priori de ciência, enquanto as diversas práticas científicas ficavam reduzidas a meros exemplos dessa ideia geral de ciência. A afirmação de que as verdades científicas eram descrições objetivas de leis invariáveis levava à aceitação de que o progresso da ciência se fazia por acúmulo de conhecimento, havendo, portanto, uma evolução contínua do saber.

Bachelard inaugura nova tradição em epistemologia, que se caracteriza por seu cunho não positivista radical deliberado. Essa tradição foi depois seguida por Canguilhem e Foucault, que, apesar das diferenças quanto ao objeto, ao método e aos objetivos de suas respectivas perspectivas, alinham-se no combate ao positivismo.

Contestando os pressupostos da filosofia da ciência comteana, Bachelard afirma que a prática científica atual se realiza através de racionalismos setoriais, o que significa que cada campo do saber possui especificidades, que se refletem no objeto, no método e no desenvolvimento de cada área do saber. Caberá à epistemologia analisar cada área do saber adequando-se a suas características específicas.

A corrente do espiritualismo era constituída por pensadores que defendiam uma doutrina idealista, sem interesses especulativos, mas cujo objetivo principal era combater o "materialismo dos filósofos iluministas". Os espiritualistas exaltavam os valores morais e religiosos, que, segundo eles, estavam desaparecendo. Tratava-se de um idealismo filosófico que se modificava através de seus pensadores, mas cujas ideias fundamentais permaneciam as mesmas, ou seja, exaltava o espírito, procurando encontrar no ato espontâneo da consciência um acesso ao absoluto, acreditando que se podia chegar a um conhecimento do universo a partir da intuição e da experiência cotidiana.

A epistemologia bachelardiana se opôs aos princípios do espiritualismo francês, criticando principalmente a ideia de que era possível chegar ao conhecimento do mundo através da experiência primeira. A tese da ruptura entre conhecimento comum e científico constitui um dos eixos centrais do pensamento bachelardiano. Para Bachelard, a experiência primeira é o mais forte obstáculo à construção científica que deve ser ultrapassado para se alcançar a objetividade. As ciências fisico-químicas "podem ser caracterizadas epistemologicamente como domínios de pensamento que rompem com o conhecimento comum".[1]

---

[1] Bachelard, *Le rationalisme appliqué*, p. 102.

Também nessa época impunha-se com toda força no contexto cultural da França o pensamento filosófico de Émile Meyerson. Voltado para a filosofia das ciências, empreendia uma análise da atividade científica, mostrando que as teorias científicas se sucediam num progresso contínuo, através do qual iam acumulando conhecimentos. Para Meyerson, a razão possuía princípios invariáveis e absolutos, segundo os quais procedia quando voltada para a compreensão do real. Esses princípios regiam o desenvolvimento da razão que em virtude disso se dava de forma contínua e uniforme, podendo-se afirmar que o progresso das ciências era sempre cumulativo.

Bachelard se insurge contra a ideia de que a ciência progride de forma contínua, contestando a ideia de uma razão autônoma e imutável. Refletindo sobre as revoluções vividas pela ciência contemporânea com o surgimento das novas geometrias, da teoria da relatividade e da mecânica quântica e ondulatória, Bachelard demonstra que a razão não só progride descontinuamente como também vai constituindo, ao longo de sua trajetória, suas próprias normas de funcionamento.

A epistemologia bachelardiana, denunciando a inadequação das filosofias das ciências de sua época, impõe novas categorias que vão permitir melhor compreensão da dinamicidade e do processo de racionalização vividos pelas ciências atuais. Enfatizando as rupturas e a descontinuidade que assolam o desenvolvimento da ciência, evidencia o verdadeiro significado de progresso científico, ao mesmo tempo em que aponta os obstáculos e limites do conhecimento, inserindo a ciência num processo inesgotável de historicidade.

Quanto à escolha do tema, gostaríamos de ressaltar que a questão do racionalismo da ciência contemporânea vai se reduzir, na epistemologia bachelardiana, à da construção do objeto científico. Mostrar em que consiste o caráter racional do saber científico é, a nosso ver, demonstrar que o objeto da ciência é da ordem do construído, o que significa que não existe como dado na natureza previamente ao ato de conhecer.

Por outro lado, o tema da construção do objeto científico constitui o eixo central do pensamento de Bachelard. Michel Vadée, intérprete do pensamento bachelardiano, afirma numa de suas obras que se pode entrar na epistemologia bachelardiana por vários caminhos. Acrescentaríamos, completando o pensamento do comentarista, que qualquer um dos caminhos conduz necessariamente à questão da construção do objeto científico.

Um outro ponto que vem reforçar a relevância do tema é sua atualidade. Não se pode contestar hoje o abismo profundo que existe entre conhecimento espontâneo e científico. A ciência atual se impõe como construção árdua e difícil que se realiza através do diálogo entre razão e técnica. Ao mostrar que o objeto científico é da ordem do construído, Bachelard explicita o trabalho da ciência, tornando mais clara a distância entre ciência e senso comum.

A importância do tema da construção do objeto científico reside também no fato de que este levanta a questão da participação do sujeito na elaboração científica, questão esta negligenciada pela tradição positivista que difundiu a ideia de que o sujeito era um simples receptáculo de verdades objetivas que se impunham pela ciência. A epistemologia bachelardiana mostra que o sujeito da ciência é a "cidade científica", que num processo ativo de construção racional e técnica constrói os próprios fenômenos estudados, assim como a própria objetividade científica.

A ideia de construção do objeto científico consiste na afirmação de que não há nem sujeito nem objeto previamente constituídos, sendo ambos construídos ao longo do processo cognoscente. Para Bachelard, a ciência de hoje não tem mais como objetivo a descoberta de fenômenos ou a descrição de leis; sua meta é formular organizações racionais que sejam tecnicamente realizáveis. A ideia de construção rompeu com a noção de "dado", mostrando que na ciência contemporânea o que se chamava "dado" já é um resultado obtido através do diálogo entre razão e experiência.

Por outro lado, a concepção de ciência como construção confere novo estatuto à noção de sujeito. Como o conhecimento se constitui através da retificação do saber anterior, a função primordial do sujeito é a de se enganar. Não tem sentido, pois, falar de um sujeito que antecederia o ato de conhecimento. Para Bachelard, o sujeito se elabora num trabalho, constitui-se durante o processo cognoscente, através da função retificadora.

O livro vai desdobrar-se em cinco capítulos. No primeiro, analisaremos os principais aspectos da epistemologia bachelardiana, que vão servir de fundamento para a ideia central do trabalho: a noção de construção do objeto científico, analisada em detalhe no segundo capítulo. Em seguida vamos aprofundar a ideia de construção na ciência, falando dos projetos racionais, do papel da Matemática na elaboração das teorias científicas e do racionalismo aplicado. O quarto capítulo discutirá o materialismo bachelardiano como uma perspectiva específica que, contrariando as filosofias materialistas tradicionais, impõe nova atitude diante do universo. A análise do materialismo bachelardiano contribuirá para a melhor compreensão da ideia de construção do objeto científico. Com o intuito de melhor esclarecer o tema do racionalismo da ciência contemporânea vamos mostrar em seguida de que forma se dá a construção nas ciências físico-químicas ao longo da história. Na fase conclusiva, reforçaremos a ideia da atualidade e da originalidade da epistemologia bachelardiana, procurando ressaltar, a partir dos dados obtidos, em que sentido as implicações da ideia de construção do objeto científico podem levar-nos à compreensão do racionalismo que permeia o trabalho da ciência contemporânea.

1

A Epistemologia de Bachelard

1. *Considerações gerais*

Foi com Émile Meyerson que o neologismo "epistemologia" se impôs ao uso, tendo aparecido no prefácio de seu livro *Identité et realité.* Meyerson propõe, nessa obra, epistemologia como equivalente de filosofia das ciências, cujo significado foi perfeitamente explicitado pelo positivismo, que a definia como uma reflexão sobre os resultados da ciência, a fim de entendê-los e unificá-los. Falar de filosofia das ciências, portanto, é admitir para essa disciplina as características atribuídas a ela pela corrente positivista, o que nos leva a indagar se o termo "epistemologia" também supõe tais princípios. Cremos que o mais acertado seria afirmar que a introdução de um novo termo significa uma transformação da problemática tradicional em relação à reflexão científica, pois as epistemologias vão partir de novas perspectivas e chegar a outras conclusões sobre a concepção de ciência. Embora Bachelard não faça uma nítida distinção entre os dois termos, com ele ficará caracterizada a ruptura da nova epistemologia com as filosofias das ciências da sua época, essencialmente positivistas, pois, partindo de novos princípios, terá também novas tarefas a cumprir.

Em vários de seus livros, Bachelard nos expõe as tarefas da filosofia das ciências, fixando assim as principais características de sua epistemologia. Entretanto, no prólogo da seu livro *La philosophie du non* e no primeiro capítulo de *L'activité rationaliste de la physique contémporaine,* vemos claramente delineados os verdadeiros objetivos dessa nova disciplina.

Para Bachelard, as filosofias das ciências "tradicionais"[2] não são adequadas ao pensamento científico contemporâneo, em contínua evolução. Essa inadequação é atual, o que significa que no passado tais sistemas conseguiam refletir a ciência de sua época, o que não acontece hoje, pois as transformações sofridas pelo pensamento científico não foram acompanhadas por essas filosofias.

Bachelard critica, nessas filosofias, o fato de falarem de uma ciência ideal, que nada teria a ver com a prática real e efetiva dos cientistas, pois manteria características gerais e essenciais que nem sempre existiram nessas práticas. Para ele, a epistemologia deve analisar a atividade concreta da ciência, despreocupada em estabelecer a essência do conhecimento científico, visando descobrir as interferências que retardam o desenvolvimento da ciência.

As filosofias das ciências "tradicionais" se apoiavam num realismo e por isso tinha sentido colocar o problema do limite das ciências naturais, que não podiam tudo conhecer por impossilidades materiais. Tinha, portanto, sentido indagar: Qual o limite do conhecimento científico? Abandonando a posição

[2] Bachelard denomina filosofias das ciências tradicionais as de sua época, que eram, mais especificamente, o positivismo de Augusto Comte e o pensamento de Émile Meyerson.

realista, entretanto, tal colocação passa a ser inadequada, pois, se o conhecimento científico é construído, a experiência irrealizável será aquela cujos métodos, por nós utilizados, não estão bem estruturados. Para Bachelard, um problema insolúvel é aquele que é mal proposto e que, se o enunciarmos melhor, com mais precisão, poderá ser finalmente resolvido.

Num Congresso Internacional de Filosofia das Ciências realizado em 1949, Bachelard fez críticas severas à filosofia das ciências. Afirmou ele que, no quadro geral da filosofia contemporânea, essa disciplina era sempre relegada a um segundo plano, o que se devia ao fato de a filosofia não refletir os aspectos principais da atividade científica. Em lugar de se ater às organizações racionais das ideias científicas, via na ciência um conjunto de conhecimentos puramente utilitaristas. Dessa forma a filosofia se afastava cada vez mais da ciência, reduzindo-se a um vago balanço de ideias e de resultados adquiridos, esquecendo-se das características mercantes da evolução científica. Daí a necessidade de se fundar uma nova filosofia das ciências que fosse capaz de apreender as novas características do pensamento científico, situando-se no seu interior e captando seu dinamismo essencial.

Bachelard reconhece que refletir sobre o pensamento científico é uma tarefa difícil e que quando nos dedicamos a ela recebemos os conselhos mais diferentes, o que faz com que nos esqueçamos do que é verdadeiramente essencial. Diz ele:

> Apenas tem resolvido consagrar suas forças à vida filosófica nova, vinculada à cultura científica, quando recebe os conselhos mais contraditórios: seja preciso, diz o técnico; nada de detalhes supérfluos, diz o matemáti-

> co; traduza em linguagem usual toda essa matemática, diz o psicólogo; façamos compreender a essência da relatividade, da mecânica dos quanta, da mecânica ondulatória, diz o empirista da vida comum, sem refletir que nenhuma dessas disciplinas tem a menor influência sobre a vida comum. Digamos a que escola de filosofia devemos vincular a filosofia da ciência contemporânea, diz o historiador.[3]

Confuso com tantas opiniões e receoso de que sua análise da ciência não seja objetiva, o filósofo da ciência procura ser um simples historiógrafo do pensamento científico, limitando-se a um simples relato dos principais fatos da ciência.

Para Bachelard, nem os cientistas nem os filósofos conhecem os verdadeiros objetivos da epistemologia. Para os cientistas, a filosofia das ciências é um balanço dos resultados gerais do pensamento científico, que deve ser feito após a prática científica. Eles dispensam qualquer preparação metafísica e se transformam em simples colecionadores de fatos. Como diz Bachelard: "Para o cientista a filosofia das ciências pertence ao reino dos fatos".[4] Por outro lado, os filósofos desprezam a pluralidade dos fatos, buscando a unidade do pensamento, a fim de formularem as condições de síntese do saber. Afastam-se dos fatos científicos concretos, fixando princípios gerais que se relacionam com um pensamento puro que poderia prescindir da aplicação. Como diz Bachelard: "Para o filósofo a filosofia das ciências não pertence ao reino dos fatos".[5]

---

[3] Bachelard, *L'activité rationaliste de la physique contémporaine*, p. 5.

[4] Id., *La philosophie du non*, p. 2.

[5] Ibid., p. 3.

Dessa maneira, a filosofia das ciências seria apenas um estudo do imediato, reduzindo o pensamento científico a "estados" isolados, ou se voltaria para o geral, desprezando o pluralismo dos fatos que caracteriza a ciência.

Torna-se necessário, segundo Bachelard, uma epistemologia que apreenda a dialética do pensamento científico,[6] mostrando como se dá a alternância do *a priori* e do *a posteriori* e afirmando a ligação entre racionalismo e empirismo, que constitui a própria essência da atividade científica.

Um outro ponto sobre o qual cientistas e filósofos discordam é o que diz respeito à estrutura e evolução do espírito. Para Bachelard uma filosofia que pretenda ser adequada à ciência deve considerar a reação dos conhecimentos científicos sobre a estrutura espiritual, e tanto os cientistas como os filósofos não souberam colocar bem esse problema. Para o cientista o espírito não possui uma estrutura, e, consequentemente, os conhecimentos surgem do nada. O filósofo admite que haja um espírito constituído e, por isso, baseia-se em verdades primeiras e princípios gerais que são categorias indispensáveis para a apreensão do real. Uma das tarefas da nova filosofia das ciências será considerar a reação dos conhecimentos científicos sobre a estrutura espiritual, procurando demonstrar que os conhecimentos novos contradizem os anteriores e que o espírito científico surge de erros retificados.

---

[6] "O que Bachelard chama de dialética é o movimento 'indutivo' que reorganiza o saber alargando suas bases, em que a negação dos conceitos e dos axiomas não é senão um aspecto de sua generalização" (CANGUILHEM, George. *Études d'Histoire et de Philosophie des Sciences,* p. 197). O termo dialética é usado pela primeira vez por Bachelard em *La dialétique de la durée.*

Por outro lado, essa nova epistemologia vai mostrar que não há verdades primeiras ou princípios gerais, mas sim verdades que nascem de erros corrigidos e que vêm provar a mobilidade constante do pensamento científico.

2. *As filosofias do imobilismo*

Para Bachelard torna-se bastante difícil aplicar sistemas filosóficos a outros domínios do saber, pois dessa forma os falseamos e os tornamos estéreis, e os objetivos por eles propostos acabam não sendo alcançados.

Aplicar um sistema filosófico fechado a um pensamento científico aberto é o mesmo que misturar "teoremas e filosofemas", segundo Bachelard, e isso provoca um descontentamento geral entre os homens de ciência, filósofos e historiadores.

Émile Meyerson defendia uma filosofia que pregava a eternidade de seus princípios e de suas questões. Implicitamente via-se a defesa de um progresso contínuo da ciência, no qual as teorias novas eram uma continuidade das anteriores. Meyerson se apoiava numa filosofia cujos princípios eram "os absolutos" da Razão. Conforme diz Dominique Lecourt: "Bachelard vai proclamar o declínio desses absolutos".[7]

Bachelard se opõe à concepção de uma Razão imutável, defendendo um racionalismo variável, que se modifica, que evolui, que assimila conhecimentos novos. Em *Le nouvel esprit scientifique* ele afirma:

---

[7] Lecourt, *L'épistémologie historique de Gaston Bachelard*, p. 36.

> A partir de Euclides e durante dois mil anos, a geometria recebeu numerosos acréscimos, mas o pensamento fundamental permaneceu o mesmo, razão pela qual somos levados a crer que este pensamento geométrico seja o fundo da razão humana. Foi sobre o caráter imutável da arquitetura da geometria que Kant fundou a arquitetônica da Razão. Se a geometria se divide, o kantismo não pode ser salvo senão inscrevendo princípios de divisão na própria Razão, quer dizer, abrindo o racionalismo.[8]

As filosofias das ciências tradicionais, ao contrário, defendiam uma Razão substancialista, isto é, que conservasse uma estrutura invariável e se desenvolvesse baseada sempre nos mesmos princípios. Essas filosofias mostravam-se, então, como sistemas fechados e acabados, impossibilitados de compreender as transformações que ocorrem no racionalismo. A nova epistemologia vai romper com a noção de uma Razão imóvel, pois as ciências contemporâneas são o testemunho de que o espírito científico está em constante evolução. Com o aparecimento das novas teorias como a relatividade de Einstein, a mecânica quântica, a teoria ondulatória, as geometrias não euclidianas etc., ficou demonstrado que a estrutura da Razão é variável, pois seus princípios se modificaram. Em *La valeur inductive de la relativité,* vai ficar bem claro o aspecto de novidade das teorias contemporâneas.

Bachelard julga necessário afirmar a variabilidade do espírito científico, mostrando que o desenvolvimento do conhecimento se faz através de retificações que a cada momen-

[8] Bachelard, *Le nouvel esprit scientifique,* p. 24.

to renovam os princípios da Razão. Conforme diz Bachelard: "A doutrina de uma Razão absoluta e imutável é uma filosofia superada".[9]

Encontramos na filosofia tradicional alguns pares conceituais, cujos elementos são contraditórios: realismo x racionalismo, concreto x abstrato, empirismo x idealismo, sensualismo x espiritualismo etc. Esses pares podem ser reduzidos a duas posições fundamentais: realismo e idealismo, pois como diz Dominique Lecourt:

> Ou se busca o fundamento do conhecimento no pensamento do real e se é, de um modo ou de outro, "realista", ou se procura o fundamento do ser no pensamento e se é, de um modo ou de outro, "idealista".[10]

Bachelard não critica o realismo ou o idealismo tomados em si mesmos, mas ataca a radicalização de qualquer filosofia tomada como absoluta, pois assim ela se torna um obstáculo para a apreensão de um pensamento científico dinâmico e variado.

Em *La philosophie du non* Bachelard afirma:

> Um empirismo sem leis claras, coordenadas, dedutivas, não pode ser nem pensado nem ensinado; um racionalismo sem provas palpáveis, sem aplicação à realidade imediata, não pode convencer plenamente. Prova-se o valor de uma lei empírica fazendo dela a base de um raciocínio. Legitima-se um raciocínio, fazendo dele

[9] Ibid., p. 51

[10] Lecourt, *L'épistémologie historique de Gaston Bachelard*, p. 28.

> a base de uma experiência. A ciência, soma de provas e experiências, de regras e de leis, de evidências e de fatos, necessita, pois, de uma filosofia de dois polos.[11]

Para Bachelard, a filosofia das ciências, ficando reduzida a duas extremidades opostas – o estudo dos fatos ou o estudo do geral –, despreza o que é essencial na atividade científica, ou seja, seu dinamismo e a transformação dos valores experimentais em racionais e vice-versa. Segundo Bachelard, a filosofia das ciências deve ser uma filosofia de dois polos: racionalismo e empirismo. Essa polaridade epistemológica não significa um dualismo, mas sim o reconhecimento de que a alternância do *a priori* e do *a posteriori* representa a própria dinâmica do conhecimento, e que racionalismo e empirismo, em lugar de se oporem, completam-se.

Como diz Anne Marie Denis, em seu artigo sobre Bachelard: "Na história da filosofia, o problema do conhecimento se cristaliza frequentemente, ao que parece, ou em torno do sujeito (nominalismo) ou em torno do objeto (sensualismo, empirismo)". A conclusão que podemos tirar daí é que o conhecimento está sempre centralizado num dos polos.

A crítica de Bachelard é relativa a essas filosofias que, ao se situarem num dos polos, se transformam em filosofias do imobilismo, pois só consideram um dos aspectos do conhecimento: o empírico ou o racional. E segundo Bachelard, a mobilidade, isto é, a dinâmica da ciência contemporânea, deve-se à existência em si desses dois aspectos que provocam a substituição de suas teorias, numa tentativa de aproximações sucessivas do real.

---

[11] Bachelard, *La philosophie du non*, p. 5.

3. *As tarefas da filosofia das ciências*

Não é muito fácil apresentar as características da nova filosofia das ciências, pois, embora Bachelard afirme a necessidade de se estabelecerem novas bases para analisar a ciência contemporânea, em nenhum de seus livros é possível encontrar claramente delineadas tais características. É sempre em relação à inadequação das filosofias de sua época que Bachelard coloca as tarefas da nova epistemologia.

Apesar disso, tentaremos aqui sintetizar essas tarefas, depois de uma análise em que ficará evidente o contraste das mesmas com a filosofia das ciências tradicional.

Em *La activité rationaliste de la physique contémporaine,* Bachelard vai mostrar a necessidade de buscar novas bases para a filosofia das ciências, quando adquirimos consciência de que a ciência atual é uma renovação. Em lugar de ser uma representação da realidade imediata, a ciência é uma construção, que se alcança através da cooperação do racional e do técnico. O perigo da filosofia das ciências, portanto, é desprezar o trabalho racional e técnico e reduzir a ciência a um simples prolongamento do conhecimento imediato. Diz Bachelard: "Ao seguir a física contemporânea nos afastamos da natureza para entrar em uma fábrica de fenômenos".[12]

Nesse livro vemos também a colocação do problema de uma linguagem específica da ciência, sem a qual ela não poderia se opor à linguagem natural e alcançar a objetividade. Diz Bachelard: "Se o homem se limita a trocar suas

[12] Id., *L'activité racionaliste de la physique contemporaine*, p. 17.

impressões sobre os fenômenos naturais, permanece sendo o homem natural. Então não pode ser objetivo".[13]

Refletir sobre a necessidade dessa linguagem específica e salientar a sua oposição a uma descrição calcada na fenomenologia natural seria também uma das tarefas da epistemologia contemporânea.

Bachelard ressalta o caráter social da ciência, afirmando que a cultura científica contemporânea se caracteriza pela intersubjetividade. Diz Bachelard: "O caráter social da ciência se designaria precisamente pelo evidente progresso dessas ciências".[14] A filosofia das ciências estaria dispensada de toda problemática individual, procurando mostrar que na ciência não encontramos resultados particulares, e sim frutos de uma racionalidade coletiva. A filosofia das ciências deve, portanto, assumir o caráter social da ciência, mostrando que o racionalismo conduz à comunhão dos espíritos que acabam por reconhecer que, isolados, não seriam capazes de chegar aos mesmos resultados.

Podemos caracterizar a atividade científica, segundo Bachelard, como uma atividade essencialmente dinâmica, isto é, que evolui, que modifica seus princípios através das épocas. E como é a ciência que deve ordenar a filosofia, para Bachelard torna-se necessário que a nova epistemologia seja "aberta", a fim de se tornar adequada à Razão "aberta" da ciência e conseguir apreender o dinamismo que caracteriza o conhecimento científico. Diz Dominique Lecourt que a abertura dessa nova epistemologia deve ser tão grande a

[13] *La philosophie du non*, p. 7.

[14] Id., *L'activité rationaliste de la physique contemporane*, p. 9.

ponto de permitir uma epistemologia não-bachelardiana, caso o conhecimento científico venha a se transformar no futuro. Bachelard vai dizer que os sistemas filosóficos fechados são incapazes de explicar a variabilidade da ciência. Seria válido, porém, segundo Bachelard, usar elementos filosóficos retirados dos sistemas para esclarecer momentos da atividade científica. Pergunta Bachelard: "Existe sacrilégio, por exemplo, em tomar um aparato epistemológico tão maravilhoso como a categoria kantiana e demonstrar o interesse de que se reveste para a organização do pensamento científico?".[15]

Bachelard vai mostrar que durante a prática científica surgem valores que impedem ou retardam o desenvolvimento da ciência. Uma outra tarefa importante da epistemologia seria a de intervir na atividade científica, a fim de afastar tais valores. Esses valores subjetivos, denominados por Bachelard de "obstáculos epistemológicos", têm origem no inconsciente e constituem sérias perturbações ao ato de conhecer. Algumas vezes Bachelard fala da necessidade de afastar as ideologias do conhecimento. Depreendemos que o termo "ideologia" tem nos textos bachelardianos o mesmo sentido dos valores subjetivos inconscientes, e não o sentido que lhe dá o hegelianismo ou o marxismo. A preocupação de Bachelard em relação a esses valores que interferem na atividade científica é marcante. Em *La philosophie du non* ele reclama aos cientistas o direito de desviá-los de seu trabalho positivo, a fim

[15] Id., *La philosophie du non*, p. 11-12.

de descobrir o que há de subjetividade nesse trabalho. E em *La formation de l'esprit scientifique,* Bachelard diz: "Como teremos ocasião de observar com frequência, todo vestígio de valoração é um mau sinal para um conhecimento que tenda para a objetividade".[16]

A Epistemologia, para conseguir apreender a atividade científica em toda a sua dinâmica, para poder compreender cada momento de seu desenvolvimento, não poderia analisar a ciência partindo de uma única filosofia, de uma filosofia "monódroma". Uma das tarefas da filosofia das ciências seria se tornar uma "polifilosofia".

O "polifilosofismo" bachelardiano não é um ecletismo, pois não se trata de selecionar o que cada sistema filosófico tem de positivo para tentar compreender o real. Trata-se de analisar o conhecimento científico a partir de várias filosofias, considerando-se que, em sua evolução, ele sofreu a influência dessas posições filosóficas. Se admitimos que no seu progresso a ciência apresenta filosofias diversas e até mesmo contraditórias, que se alternam ou coexistem, fazendo da atividade científica uma atividade variada, precisamos de um "polifilosofismo" para pensar a ciência em toda sua plenitude. A ciência contemporânea não pode, pois, deixar-se apreender por uma única filosofia porque ela não é homogênea, apresentando em si os elementos mais diversificados. Em *La philosophie du non*, Bachelard afirma esse projeto:

[16] Id., *La formation de l'esprit scientifique*, p. 64.

> Todo esse caos pode ordenar-se se reconhecermos que uma única filosofia não pode tudo explicar e se quisermos colocar em ordem as filosofias. Em outras palavras, cada filosofia só fornece um aspecto do espectro nocional, e é necessário que se reagrupem todas as filosofias para se ter o espectro nocional completo de um conhecimento particular.[17]

Essa ideia bachelardiana de um "polifilosofismo" aparece concretizada em dois momentos do pensamento do autor. Um deles é quando Bachelard explica a noção de "perfil epistemológico", e o outro é quando ele mostra a "topologia filosófica". Vejamos, então, o que são essas duas noções.

Em *La philosophie du non,* Bachelard propõe a noção de "perfil epistemológico", dizendo que o pluralismo filosófico deve colocar-se no nível de cada noção, pois uma única filosofia só explica um aspecto do conceito. Mediante o "perfil epistemológico" podemos representar a ação psicológica efetiva das diversas filosofias que influenciaram um determinado conceito científico. Segundo Bachelard, o uso individual de cada noção vai ser orientado pelas várias filosofias, o que significa que um "perfil epistemológico" é relativo a um determinado conceito e diz respeito a um indivíduo particular, que faz um autoexame em determinado momento de sua cultura.

Em *La philosophie du non*, Bachelard apresenta dois "perfis epistemológicos", um sobre a noção de massa e outro sobre a noção de energia. Ambos relatam as influências filosóficas que Bachelard recebeu ao trabalhar com essas duas noções.

[17]Id., *La philosophie du non*, p. 42.

O "perfil epistemológico" bachelardiano da noção de massa pode ser representado assim:

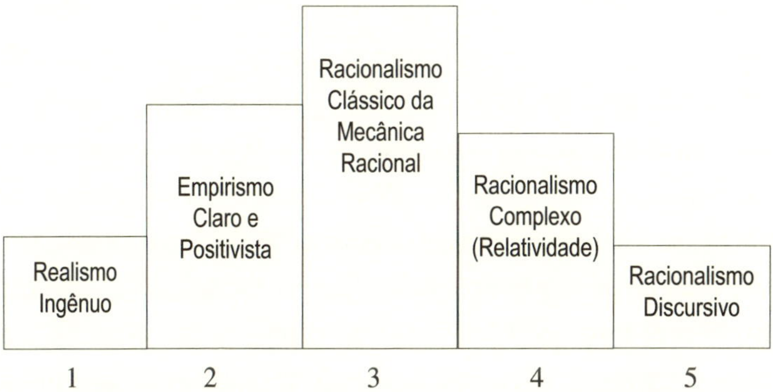

Na abscissa estão as filosofias que influenciaram a noção de massa, e pela ordenada pode-se medir a importância, maior ou menor, que foi atribuída a cada filosofia. Interpretando-se "perfil epistemológico", vemos que a educação matemática clássica recebida e a prática do ensino de Física Elementar fizeram com que Bachelard desse maior importância à noção racionalista de massa. Com um esforço ele às vezes consegue orientar a noção de massa para o racionalismo relativista, isto é, deixa de considerá-la como uma noção absoluta, embora isso seja difícil, já que predomina em seu espírito a noção racionalista clássica. Tendo usado muito a balança, quando estudava Química e quando trabalhava nos Correios, Bachelard reconhece que a "conduta do peso" confere um sentido empírico à noção de massa. Daí o empirismo estar representado como sendo bastante influente. Como todos, Bachelard tem também rasgos de realismo, embora em pequeno grau, pois o conceito de massa já foi quase totalmente psicanalizado por ele. Apesar disso, Bachelard reconhece que, em determinados momentos, ele pensa essa noção como uma massa precisa, concreta, material, o que demonstra um vestígio de realismo que impede uma desrealização da noção. No canto direito do "perfil epistemológico" vemos representado o racionalismo discursivo ou dialético, que é a filosofia que explica a atividade racionalista da ciência contemporânea, onde as noções se dialetizam, isto é, dividem-se em contrários, que são sintetizados numa teoria. Como exemplo, Bachelard cita a mecânica de Dirac, que admite a massa positiva e a massa negativa. Isso significa uma desrealização completa da noção que, não correspondendo a nenhuma realidade existente, pode ser usada em dois sentidos opostos. Conforme podemos ver no "perfil", a influência do racionalismo discursivo em Bachelard é mínima, pois sua educação racionalista clássica se sobrepõe a uma atitude dialética.

O "perfil epistemológico" bachelardiano de energia pode ser representado assim:

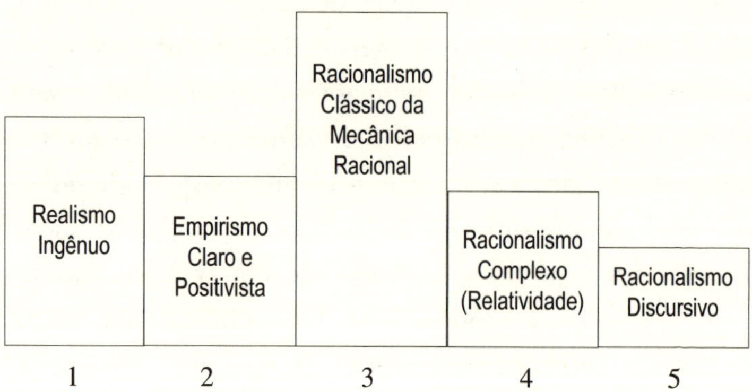

Comparando os dois "perfis", vemos que a parte racionalista do "perfil epistemológico" da noção de energia equivale ao da noção de massa, pois a educação físico-matemática recebida tem o mesmo poder de influência, assim também acontecendo no que diz respeito ao racionalismo relativista. O racionalismo discursivo ou dialético também não orientou muito Bachelard em relação à noção de energia, embora na ciência contemporânea o conceito de energia esteja mais dialetizado que o de massa. A primeira parte do esquema, porém, é muito diferente, pois a influência empírica é pequena no segundo "perfil" porque a conduta do dinamômetro não existe em nós, sendo raros os usos positivistas da noção de energia. Pelo esquema denota-se a grande influência do realismo primitivo sobre a noção de energia, o que não acontece em relação ao conceito de massa.

O progresso das noções implica aspectos filosóficos variados. Nas noções racionalistas mais depuradas, ainda podemos encontrar rasgos realistas. Seria necessário, portanto, formar o "perfil epistemológico" de todas as noções de base para conhecer as diversas filosofias que influenciaram cada conceito.

Compreendemos a noção de "perfil epistemológico" como um instrumento de autocrítica, necessário para descortinar as etapas psicológicas por que passou cada noção científica. Se a tarefa da epistemologia é denunciar as influências filosóficas que retardaram a evolução da ciência, o "perfil epistemológico" faria isso no nível de cada noção.

A ideia de "polifilosofismo" vai, também, aparecer em um outro momento do pensamento de Bachelard, quando ele apresenta o que denominou de "topologia filosófica", um esquema onde estão as várias filosofias das ciências ordenadas a partir do racionalismo aplicado e do materialismo técnico, que são, para Bachelard, as filosofias que explicam realmente a atividade científica contemporânea. A conjugação do racional com o empírico, a união de razão e experiência, que caracteriza o trabalho científico atual vai ser explicitada pelo racionalismo aplicado e pelo materialismo técnico. Na ciência contemporânea não existe mais o dualismo razão x experiência, mas, pelo contrário, esses dois elementos se associam para que a objetividade seja alcançada. Por isso, Bachelard mostra em *Le rationalisme appliqué* sua "topologia filosófica",[18] onde as filosofias das ciências se encontram dispersas em torno do trabalho de produção dos conhecimentos científicos, como podemos ver no esquema seguinte:

Idealismo
↑
Convencionalismo
↑
Formalismo
↑
Recionalismo aplicado e Materialismo técnico
↓
Positivismo
↓
Empirismo
↓
Realismo

---

[18] Id., *Le rationalisme appliqué*, p. 5.

Bachelard procurou representar nesse esquema as correntes mais conhecidas de filosofia das ciências. Como para ele o racionalismo aplicado e o materialismo técnico são as posições corretas, no sentido de que elas são as únicas que expressam o trabalho científico, as demais foram colocadas em função de sua aproximação ou afastamento delas. Como as filosofias do centro representam a união de razão e experiência, as outras eram consideradas mais próximas do centro se aceitassem essa união e mais afastadas caso negassem a razão ou negassem a experiência.

Bachelard pretende que o quadro seja um espectro, no qual estão representadas as posições fundamentais, mas não exclui que possam aparecer outras posições, que nesse caso ficariam dispersas em torno do centro.

O realismo e o idealismo são as que mais se distanciam do centro e, portanto, são as filosofias menos adequadas à atividade científica contemporânea. O realismo parte do princípio de que a ciência é uma descrição do real, anulando assim a racionalidade da atividade científica. O idealismo, por sua vez, é incapaz de explicar um racionalismo ativo, que se volta para a aplicação, permanecendo apenas no âmbito das ideias e se reduzindo a um solipsismo, segundo Bachelard.

O empirismo defende o postulado de que a realidade é irracional e só pode ser apreendida pela experiência, negando dessa forma a união de razão e experiência e estando, por isso, afastada da parte central do esquema. O convencionalismo também se acha na mesma distância em relação ao eixo central, pois não consegue explicar todo o trabalho teórico da ciência, já que considera as ideias científicas como convenções mais ou menos cômodas, expressas numa linguagem matemática.

O positivismo, comparado ao empirismo puro, é superior e, por isso mesmo, está situado mais perto do eixo central. Embora não consiga explicar as deduções e a coerência da ciência contemporânea, ele procura alcançar uma certa generalização ao defender a noção de lei. Essa generalização é de segundo grau, mas se assemelha, de alguma forma, à racionalidade da ciência de hoje.

O formalismo interpreta o trabalho racional da ciência como constituição de formas que informam a experiência. Embora não conseguindo explicar todo o trabalho racional da ciência, já admite o dualismo razão x experiência e, sendo assim, aproxima-se do racionalismo aplicado.

Após essa explicação sumária de cada filosofia que compõe o quadro, tomando como definições destas as considerações de Bachelard sobre as mesmas, julgamos necessário tecer algumas considerações sobre o sentido do esquema.

O objetivo ao apresentar a "topologia filosófica" é mostrar as várias posições que tomamos quando abordamos o conhecimento científico. Essas filosofias podem ser colocadas numa ordem linear, constituindo um verdadeiro "espectro", como vimos acima. Como nem todos os pontos de uma ciência estão no mesmo grau de desenvolvimento, cabe-nos determinar os valores filosóficos de experiências e problemas bem definidos. Podemos dizer que as várias filosofias das ciências se acham dispersas em torno da prática científica, mas só o racionalismo aplicado é capaz de explicitar totalmente o pensamento científico atual, pois só um racionalismo que ordena a experiência é adequado à cultura científica de nossa época. Portanto, o lugar (*topos*) que uma filosofia ocupa no espectro indicará se ela está mais próxima ou mais afastada do trabalho científico. As setas verticais são simétricas e invertidas relativamente à linha central. Se dobrarmos o esquema nessa linha coincidirão as doutrinas opostas, conforme esclarece Bachelard. Dominique Lecourt apresenta uma interpretação da "topologia filosófica" em seu livro sobre Bachelard.[19] Diz ele que o fato de as doutrinas opostas coincidirem, ao se dobrar o esquema, significa que não importa a natureza das filosofias, pois o que tem valor é a sua relação com o racionalismo aplicado e o materialismo técnico. Os vetores que partem da linha central não são fisicamente orientados, sendo a simetria de caráter puramente geométrico. Para Dominique Lecourt, a "topologia filosófica" nos leva à conclusão de que a filosofia não possui objeto e o que a determina é sua função em relação à prática científica, ou seja, seu papel seria o de afastar os valores alheios à atividade científica.

Embora concordando com Dominique Lecourt sobre a conotação geométrica do esquema, pois na verdade o que interessa aí é estabelecer uma relação entre o racionalismo aplicado e as demais filosofias que são inadequadas à ciência, achamos sua conclusão final por demais precipitada. A nosso ver, a filosofia tem um objeto, que é o discurso científico, sobre o qual ela vai refletir. Quanto a inferir do esquema que a função da filosofia é afastar os valores que interferem na ciência, parece-nos bastante precipitado, pois não vemos no "espectro" nada que sirva de fundamento para isso.

Consideramos o "perfil epistemológico" e a "topologia filosófica" de Bachelard como instrumentos de autocrítica em relação às etapas psicológicas por que passamos no tra-

[19] LECOURT, *L'épistémologie historique de Gaston Bachelard*, p. 49.

balho científico. E também encaramos essas duas representações como uma reafirmação da pluralidade filosófica que aparece na prática científica.

Sintetizando, então, as principais tarefas que uma filosofia das ciências adequada à atividade científica de hoje teria que cumprir, podemos dizer que a primeira delas seria a de procurar analisar as construções racionais da ciência, em lugar de considerar a ciência como uma continuação do conhecimento comum, pois só assim se estaria reconhecendo e valorizando a novidade do pensamento contemporâneo. Partindo dessa ruptura entre conhecimento imediato e científico, a filosofia das ciências teria como tarefa também refletir sobre a linguagem científica, a fim de mostrar sua oposição à linguagem comum. A terceira tarefa seria a de mostrar o caráter social da ciência, salientando que o trabalho científico não pode ser individual e que a racionalidade é uma conquista da "cidade científica", isto é, da comunidade de sábios. Para Bachelard a filosofia não deve ser anterior à ciência, pois assim ela não consegue refletir o trabalho científico. A quarta tarefa da filosofia das ciências seria a de se tornar "aberta", isto é, não se deixar vincular a nenhum sistema filosófico prévio, conseguindo, assim, acompanhar a evolução da ciência, deixando-se ao mesmo tempo determinar por ela. Uma tarefa importante da filosofia das ciências, para Bachelard, seria a de afastar os valores inconscientes que impedem o desenvolvimento da ciência. E, finalmente, seria necessário a essa disciplina recorrer a um polifilosofismo no sentido de detectar na evolução da ciência os sistemas filosóficos que aí interferiram.

Conforme dissemos no início, não foi muito fácil sintetizar tais tarefas, pois Bachelard não as define positivamente no decorrer de suas obras, colocando-as sempre negativamente, isto é, através de críticas às filosofias das ciências tradicionais. Concluímos que sua finalidade é principalmente essa, a de atacar a filosofia de sua época, que, para ele, é incapaz de apreender a "novidade" da ciência contemporânea.

Nosso objetivo foi oferecer de imediato alguns dados sobre as características de novidade da ciência, dados esses que serão retomados a partir da análise de construção do objeto científico.

4. *Epistemologia e história das ciências*

Consideramos importante analisar a relação entre essas duas disciplinas, pois se atribui a Bachelard a introdução de um novo conceito de história das ciências, que revolucionou o de sua época. Além disso, esse novo conceito toma como base as noções de ruptura e progresso descontínuo das ciências, o que está intimamente ligado à ideia fundamental deste trabalho, a da construção do objeto científico.

A disciplina denominada História das Ciências teve um grande desenvolvimento no início do século XX. Nessa época predominava a posição positivista, que a definia como um simples relato das descobertas feitas no passado pelos cientistas. Baseava-se na noção de progresso contínuo, considerando as teorias novas que surgiam como complementação das anteriores. Introduzindo a noção de ruptura, Bachelard vai dizer que a ciência progride por retificações de erros e por reorganizações do saber que rompem inteiramente com as teorias passadas, havendo verdadeiras "mutações".

Somente em suas últimas obras e numa conferência feita no Palácio das Descobertas em 1951[20] é que Bachelard vai estabelecer as características de uma autêntica história das ciências.

A primeira característica ressaltada por Bachelard é a de ser uma história recorrente, isto é, que analise os fatos científicos do passado a partir da ciência atual. Conhecendo-se as construções teóricas de hoje temos possibilidade de compreender melhor a evolução e a superação das dificuldades da ciência anterior. Diz Bachelard: "Vê-se, então, a necessidade educativa de formular uma história recorrente, uma história que esclareça pela finalidade do presente, uma história que parta das certezas do presente e descubra, no passado, as formações progressivas da verdade".[21] O presente ajudará a esclarecer a historicidade do passado, conforme demonstra a afirmação de Bachelard: "Acompanhamos o desenrolar do drama das grandes descobertas na história com mais facilidade quando assistimos ao quinto ato".[22]

Uma outra característica que Bachelard atribui à História das Ciências e que se opõe à concepção positivista da época é a normatividade. Para ele a História das Ciências deve ser normativa, isto é, precisa julgar, pois não teria sentido simplesmente descrever os fatos sem uma crítica que mostrasse o fundamento e a validade das descobertas científicas. Diz Bachelard:

---

[20] Bachelard, *L'actualité de l'histoir des sciences.* In: *L'engagement rationaliste,* p. 137.

[21] Id., *La activité rationaliste de la physique contémporaine*, p. 142.

[22] Id., *Epistémologie*, p. 201.

> Trata-se, de fato, de mostrar a ação de uma história julgada, uma história que deve ter como objetivo distinguir erro e verdade, o inerte e o ativo, o nocivo e o fecundo... Na história das ciências é necessário compreender, porém também julgar.[23]

Com a exigência de uma história das ciências normativa, Bachelard se revolta contra a hostilidade que os historiadores de sua época tinham em relação a qualquer ato de julgamento na história.

Sabemos que o ato de julgar está intimamente ligado à adoção de valores, sem os quais não se possuem critérios de julgamento. Bachelard, em suas obras, refere-se aos valores verdadeiros como sendo os valores de racionalidade. Podemos denotar isso em afirmações como esta: "Em tese, poder-se-ia dizer que resolver um problema científico é desprender um valor de racionalidade".[24] É evidente em Bachelard o destaque da racionalidade como o maior valor da ciência e a sua oposição aos falsos valores, que impedem que as construções racionais se façam. Concluímos daí, então, que os critérios de julgamento da história das ciências estão implícitos na epistemologia bachelardiana. Os conceitos de história perimida e história sancionada vêm corroborar o que acabamos de dizer. A história perimida é aquela que se fixa em teorias sem valor científico, como por exemplo a do flogístico; e a história sancionada, a que escolhe teorias ricas

[23] Id., *La activité de l'histoir des sciences.* In: *L'engagement rationaliste,* p. 142.

[24] Id., *L'engagement rationaliste,* p. 89.

em dados positivos e científicos. Esses dois conceitos introduzidos por Bachelard vêm mostrar que a história sancionada é a que fala da presença da racionalidade da ciência.

O problema da relação entre epistemologia e história das ciências pode ser resumido na indagação: Em que medida podemos descrever os conhecimentos passados através dos conhecimentos presentes?

Para exercer uma crítica do pensamento científico torna-se necessário que a história das ciências se apoie na epistemologia, pois somente esta poderá indicar os valores realmente científicos. E, por outro lado, a epistemologia vai, através dos dados históricos, analisar a ciência atual, mostrando que apenas uma parte do passado fundou esse presente.

Para Bachelard, portanto, a epistemologia tem que ser histórica, e a história das ciências, epistemológica.

Revolucionando o conceito de filosofia das ciências, instituindo uma epistemologia que vai refletir criticamente o trabalho científico, Bachelard coloca uma nova problemática em história das ciências, mostrando que compreender a evolução da ciência significa julgá-la.

O objetivo principal de Bachelard era estabelecer uma filosofia adequada ao pensamento científico atual, que pudesse explicitar as principais características da atividade científica, que estivesse atenta às condições reais do trabalho científico e à especificidade do saber atual, que não desprezasse o dinamismo do racionalismo ativo e que estivesse vigilante quanto à inserção do saber científico no mundo da cultura. Essas características só podem ser compreendidas como negações das filosofias tradicionais, não encontrando sua epistemologia caracterizada positivamente. O importante, porém, é justamente a oposição do pensamento bachelardiano à filosofia das ciências de sua época, pois inferimos daí a ideia de uma renovação no conceito de ciência e de objeto científico que se tornará mais clara quando analisarmos o problema da construção racional na ciência contemporânea.

2

A Ciência como Construção

1. *Obstáculos epistemológicos*

Em Bachelard, a ideia de objeto dado cede lugar à de objeto construído, ao mesmo tempo em que vai se modificando o conceito de ciência. O ideal de cientificidade não é mais calcado na descrição da realidade, e sim na coerência racional realizada. Para se chegar à construção, porém, é necessário superar a subjetividade e vencer os obstáculos que aí interferem.

O objetivo desta parte do trabalho é discutir a noção bachelardiana de obstáculo epistemológico que, apesar da enorme importância que tem para o pensamento de Bachelard, se apresenta como uma noção bastante ambígua, dando margem às mais diversas e até mesmo contrárias interpretações.

Antes, porém, de iniciarmos a análise dos obstáculos, tornam-se necessárias algumas considerações sobre o conceito bachelardiano de progresso científico.

Bachelard ressalta em suas obras o caráter específico das ciências contemporâneas, afirmando que estamos vivendo a época do novo espírito científico, como mostram as recentes descobertas da ciência: mecânica ondulatória, teoria dos quanta, teoria da relatividade etc. Principalmente em seu livro

Le nouvel esprit scientifique, cujo título é bastante sugestivo, vemos a discussão desse assunto levada às últimas consequências: "Apreender o pensamento científico contemporâneo em sua dialética e dele assim mostrar a novidade essencial, essa é a finalidade filosófica deste pequeno livro".[1]

Visando uma clareza maior, Bachelard divide a evolução do pensamento científico em três etapas.

O primeiro período, denominado por ele de estado pré-científico, compreende a antiguidade clássica, a Idade Média, o Renascimento e os séculos XVI, XVII e XVIII, quando novos esforços no campo da ciência se fazem evidentes. O segundo período representa o estado científico, tendo início na segunda metade do século XVIII, atravessando todo o século XIX, até o início do XX. O terceiro é o estado do novo espírito científico, que se caracteriza pelas revoluções ocorridas na ciência, quando o aparecimento de novas teorias contraria conceitos primordiais que haviam sido fixados como verdades absolutas para sempre. É a época em que a razão ensaia as abstrações mais audaciosas, como podemos constatar nas teorias contemporâneas.

Individualmente, o espírito também atravessa três etapas em seu desenvolvimento, conforme Bachelard nos mostra em seu livro *La formation de l'esprit scientifique*.[2] De início o espírito se encontra voltado para a Natureza, o que lhe interessa são as primeiras imagens do fenômeno, é quando ele vive o estado concreto. Num segundo momento, denominado estado concreto-abstrato, o espírito aplica

---

[1] Bachelard, *Le nouvel esprit scientifique*, p. 18.

[2] Id., *La formation de l'esprit scientifique*, p. 11.

esquemas geométricos à experiência física, vivendo, entretanto, uma situação paradoxal, pois o que lhe proporciona segurança quanto à validade da abstração não é ela mesma, e sim a referência ao sensível. O espírito terá chegado ao estado abstrato quando tiver se desligado da experiência imediata e alcançado racionalizações que contradizem a realidade espontânea.

É importante acrescentar que a evolução do pensamento científico não é uniforme, o que significa dizer que nem todos os setores de uma determinada ciência se acham no mesmo ponto de desenvolvimento. Enquanto alguns conceitos já se desligaram totalmente da experiência sensível e representam noções racionais bem depuradas, outros ainda precisam ser trabalhados para alcançar esse estágio.

Bachelard considera que afirmar a continuidade entre a ciência do passado e a de hoje é negar a dialética do pensamento e isolar-se num pensamento imóvel. É necessário passar pelas fases anteriores para superá-las. Só depois de chegar à positividade da ciência podemos passar para a outra fase, na qual a experiência científica é instrumental e racionalista.

A ciência contemporânea é uma ciência viva, que se constrói através de retificações das noções passadas; é uma ciência que usa métodos novos e que transforma a relação sujeito-objeto, pois, em lugar de ser uma simples reprodução do real, é uma construção objetiva da razão.

Para Bachelard, portanto, todo saber científico deve ser frequentemente reconstruído, o que nos leva a concluir que a retificação tem o poder de reformar o pensamento, sendo o principal motor da revolução científica. Diz Bachelard: "A retificação é uma realidade, ou melhor, é a verdadeira realidade epistemológica, pois é o pensamento em seu ato, em seu dinamismo profundo".[3]

A ideia de unidade e universalidade do saber, defendida pelo positivismo, culmina numa visão contínua da História das Ciências, pois, se admitirmos que o conhecimento científico é constituído de verdades objetivas, temos que considerar as novas aquisições científicas como complementações das teorias anteriores, sendo, portanto, o progresso científico cumulativo.

Bachelard, dando ênfase ao surgimento de um novo espírito científico, vai defender uma posição contrária, afirmando um progresso descontínuo da história das ciências e introduzindo a noção de "ruptura".

Daí a importância do conceito de obstáculo epistemológico que está ligado a essa noção de "ruptura", como acabamos de ver, fundamental no pensamento de Bachelard. Se a ciência cria seus objetos, rompendo com o saber do passado, ela não pode fixar-se em um determinado momento, caracterizando-se pela mobilidade e progresso constantes. Se o pensamento é progressivo e seu progresso é resultado de suas reorganizações, torna-se necessário afastar os obstáculos que impedem esse desenvolvimento da razão.

A noção de obstáculo epistemológico apresenta a mesma ambiguidade que outros conceitos bachelardianos. Deixaremos a discussão desse termo para o final desta parte, quando já tivermos exposto os vários obstáculos que interferem no

---

[3] Id., *Essai sur la connaissance approchée*, p. 300.

conhecimento. No momento seria suficiente tomar a noção de "obstáculo epistemológico" como perturbações que se incrustam no próprio ato de conhecer e que constituem retardos ou causas de inércia do pensamento.

Esses obstáculos não são externos, como por exemplo a complexidade dos fenômenos, a debilidade dos sentidos ou do espírito humano, mas estão no ato mesmo de conhecer. Diz Bachelard: "É no ato mesmo de conhecer, intimamente, onde aparecem, por uma necessidade funcional, os entorpecimentos e as confusões".[4]

Bachelard classifica os "obstáculos epistemológicos" gerais e particulares, dando mais importância aos primeiros, que resumem duas atitudes radicalizadas, sempre presentes no conhecimento. Os obstáculos gerais podem ser reduzidos às metafísicas opostas que constituem motivo de crítica constante na obra de Bachelard: realismo e racionalismo. Os obstáculos particulares são mais específicos e muitas vezes já estão implícitos nos gerais, sendo destacados por Bachelard mais por uma questão de clareza de exposição.

Apesar de suas críticas constantes ao racionalismo clássico, que é bastante radical, em *La philosophie du non* fica evidente que Bachelard considera o racionalismo uma atitude melhor do que o realismo. Por isso mesmo o primeiro e mais combatido "obstáculo epistemológico" é a experiência básica ou conhecimento comum, que, segundo Bachelard, impede a objetividade do conhecimento.

O espírito científico deve formar-se contra a Natureza, contra seus ensinamentos, purificando através de racionaliza-

[4] Id., *La formation de l'esprit scientifique*, p. 13.

ções as substâncias naturais, ordenando os fenômenos revoltos. A experiência imediata se apresenta repleta de imagens, impregnada de nossas paixões e fantasias, e impede assim a objetividade do conhecimento científico.

Procurando caracterizar os dois estados de evolução da ciência, Bachelard faz uma comparação entre os livros científicos do século XVIII e os livros de hoje. No século XVIII, a ciência era apoiada na vida diária, e os livros de então falavam ao senso comum, podendo ser compreendidos por qualquer um. Hoje isso não ocorre, pois os livros de ciência são complexos e exigem uma base científica aprofundada para que se possa entendê-los.

Além disso, costumava-se, no século XVIII, ilustrar com imagens o conhecimento científico, a fim de mostrar que a ciência é fácil, que a ciência parte do conhecimento comum. Bachelard se insurge contra tal posição, afirmando que para alcançar a verdadeira objetividade devemos lutar contra as imagens. Bachelard cita em *La formation de l'esprit scientifique*[5] um exemplo de uma cosmogonia de um autor importante do século XVIII, de nome Marivetz, que ilustra uma teoria do sol com uma imagem. Esse autor propõe uma cosmogonia fundada sobre a rotação do sol em torno de si mesmo. Os movimentos dos planetas eram em espiral, e quanto mais se afastavam do sol, menos curvos ficavam. Para ilustrar tal teoria Marivetz cita os sóis dos pirotécnicos, que seriam uma imagem típica do sistema solar. Comenta Bachelard: "Que curioso vaivém de imagens... Uma ciên-

[5] Ibid., p. 38.

cia que aceita imagens é, mais que qualquer outra, vítima de metáforas. Por isso o espírito científico deve incessantemente lutar contra as imagens, contra as analogias, contra as metáforas".[6]

Em lugar de partirmos da experiência imediata devemos seguir o movimento epistemológico inverso, voltando-nos para o abstrato e dele indo até a experiência, a fim de ordená-la. Esse é o "racionalismo aplicado" de Bachelard.

O estudo da eletricidade é um exemplo bem nítido da dificuldade em se chegar a racionalizações objetivas se conservarmos as primeiras imagens do fenômeno. Como o fenômeno da eletricidade apareceu no primeiro momento como algo misterioso, deu lugar a uma ciência "fácil" que, partindo dessa primeira impressão, impediu que se chegasse a representações matemáticas do fenômeno. Só mais tarde, quando Coulomb resolveu abandonar o empírico e se voltar para o abstrato, é que encontrou as leis fundamentais da eletrostática.

A noção de obstáculo epistemológico e, mais particularmente, esse obstáculo que é a experiência básica é estudada por Bachelard no que diz respeito à prática da educação. Bachelard faz uma crítica à educação de nossa época, que tenta ilustrar com imagens o conhecimento científico, a fim de torná-lo mais acessível. A ciência é difícil e como tal deve ser ensinada. Recorrer a imagens seria comprometer a autenticidade das teorias científicas.

A educação científica elementar que recebemos em nossos dias é responsável pela resistência que opomos a essa

---

[6] Ibid.

tese bachelardiana. O estudo da Física elementar mostra uma ciência imobilizada, calcada na experiência imediata. Por isso não aceitamos logo que a ciência deva romper com o conhecimento comum, que a ciência deva construir seus objetos contrariando as primeiras imagens recebidas.

Bachelard alerta para termos sempre em mente uma construção racional bem explícita, pois do contrário pode-se formar uma espécie de inconsciente do espírito científico onde nossas paixões, nossos desejos imobilizarão o pensamento.

Podemos então concluir que a epistemologia bachelardiana recusa, denominando até mesmo de "monstro epistemológico", a ideia de uma coincidência entre pensamento e realidade. Diz Bachelard: "A ciência não é o pleonasmo da experiência".[7]

Para Bachelard o espírito científico pode extraviar-se não só seguindo o particular, como acabamos de ver, como também seguindo o geral, que é o que vamos analisar a seguir.

O segundo grande "obstáculo epistemológico" é a generalização prematura, uma das características marcantes da ciência do século XVIII e da qual ainda sofremos uma certa influência. Com Bacon introduziu-se a doutrina do geral. O método das famosas tábuas baconianas consistia numa coleta de dados empíricos que nos levariam a uma classificação e generalização posteriores.

Bachelard critica esse tipo de generalização, afirmando que ela é inadequada ao verdadeiro espírito científico, pois imobiliza o pensamento, formando conceitos "esclerosados" que não se "proliferam", impedindo assim o desenvolvimento da ciência.

---

[7] Ibid., p. 23.

Em outra parte do trabalho discutiremos o problema das racionalizações realmente adequadas ao pensamento científico. Antes, porém, de prosseguirmos com a exposição da crítica bachelardiana sobre as generalizações prematuras, gostaríamos de adiantar sumariamente qual a verdadeira atitude do pensamento científico na formação dos conceitos. Dessa forma ficará mais clara a diferença entre conceitos "esclerosados" e "proliferantes" e entre os dois tipos de racionalização.

Se o espírito científico não deve seguir o particular, nem seguir o geral, qual seria a atitude científica? Bachelard responderá: "A riqueza de um conceito científico se mede por seu poder de deformação".[8] Isso significa que para se formar novos conceitos temos que deformar os antigos. A deformação dos conceitos primitivos consistirá em estudar as condições de aplicação desses conceitos. A verdadeira atitude científica exigirá, portanto, a união entre razão e experiência, que se dará pela "deformação" dos conceitos, isto é, incorporando as condições de aplicação no sentido mesmo do conceito. A riqueza de um conceito científico não está em sua correspondência a um fenômeno isolado, nem no fato de ele reunir em si fenômenos diversos. Um conceito será realmente científico quando contiver em si, no seu significado, uma técnica de realização. Diz Bachelard: "Um conceito se tornou científico na proporção em que se tornou técnico, em medida em que é acompanhado por uma técnica de realização".[9] Para que isso seja possível é necessário não só incluir as técnicas de aplica-

---

[8] Ibid., p. 61.

[9] Ibid.

ção no sentido do conceito, mas também representá-lo matematicamente, pois assim as variações estarão representadas por funções e o cientista poderá realizar certas possibilidades que o estudo matemático revelou. Podemos dizer que unindo razão e experiência o cientista contemporâneo se funda em uma "compreensão matemática do conceito".

A "deformação" dos conceitos leva a uma retificação do conhecimento. Em Bachelard essa retificação significa uma mudança de método de abordagem do real e, portanto, significa uma passagem de uma primeira ordem de aproximação a uma ordem de aproximação inteiramente diferente.

A crítica de Bachelard recai sobre a busca prematura do geral, sobre a tendência a generalizações indefinidas que visam englobar os fenômenos mais diversos sob o mesmo conceito. Como exemplo, Bachelard cita algumas generalizações da ciência do século XVIII, e entre elas está a relativa ao conceito de coagulação. Esse conceito servia para designar as transformações de estado ocorridas com o leite, a gordura, o sangue e até o fenômeno de congelamento da água.

Essa tendência à universalização que vai cada vez mais se ampliando é um obstáculo ao conhecimento científico, pois bloqueia o dinamismo do pensamento na medida em que lhe dá uma clareza falsa e enganadora sobre os fenômenos, o que impede a proliferação dos conceitos.

Uma generalização feita por um registro apoiado nos dados dos sentidos, tal qual propunha Bacon, funda um conhecimento estático e de uma certa maneira trava o desenvolvimento da ciência.

Vemos na exposição de Bachelard sobre os dois "obstáculos epistemológicos" gerais, considerados por ele como os mais importantes, uma crítica às duas atitudes radicais diante do conhecimento: empirismo e racionalismo.

Se, por um lado, a experiência espontânea é um obstáculo à ciência, tampouco a tendência à generalização é a atitude correta. Vemos aí mais uma reafirmação da sua tese do "racionalismo aplicado", que defende a união de razão e experiência, fazendo da ciência contemporânea uma construção racional, na qual a aplicação representa um fator essencial.

Tendo acabado de analisar os "obstáculos epistemológicos" gerais, passaremos agora à exposição dos particulares. Em um certo sentido, todo obstáculo é particular, pois surge num determinado estudo feito por um determinado sujeito. Mas parece que Bachelard usou a denominação "particular" para facilitar a sua exposição e diferençar esses obstáculos, que são mais específicos, daqueles de ordem geral.

O primeiro obstáculo epistemológico particular apresentado por Bachelard é o verbalismo, isto é, hábitos verbais que instituímos e que constituem sérios impedimentos ao desenvolvimento e ao progresso do pensamento científico.

Admitindo que o progresso da ciência é descontínuo e que há ruptura entre o conhecimento do passado e o de hoje, faz-se necessário que a linguagem também se "retifique a fim de se tornar adequada à ciência contemporânea. Sendo mais lento o processo de renovação da linguagem do que o da ciência, surgem muitas vezes palavras que em lugar de expressarem os fenômenos vão ser obstáculos à explicação científica.

Bachelard se refere a alguns exemplos, como o uso da palavra "esponja" para expressar os fenômenos mais variados. É o que mostra um artigo de Réamur publicado nas *Memórias* da Academie des Sciences em 1731. Ali ele diz ser muito comum considerar o ar como uma esponja, pois tal palavra é apropriada para explicar por que o ar se deixa comprimir ou se torna rarefeito ou ainda aparece com um volume que ultrapassa bastante o que tinha numa outra ocasião.

Para Bachelard as metáforas constituem uma sedução para a razão, pois parecem simplificar a explicação científica, já que uma única palavra nos sugere as diversas propriedades de uma substância. Na verdade, tais palavras são obstáculos, pois impedem construções racionais mais precisas, e o experimentador tem que vencer uma série de dificuldades relativas à não-exatidão a fim de ordenar a experiência.

Esses obstáculos verbais não existiram somente na ciência do século XVIII, mas subsistem ainda hoje como, por exemplo, a palavra "matéria", que se acha impregnada de um realismo que aos poucos está sendo superado pela ciência contemporânea. Quando usamos essa palavra, ela nos sugere as propriedades de dureza, de imobilidade, de cor etc. que já não estão presentes hoje no conceito químico de matéria.

Por isso, devemos estar vigilantes diante do sentido primitivo da linguagem para detectar quando as palavras estiverem sendo obstáculos para o desenvolvimento da ciência.

O "obstáculo epistemológico" verbal consistiria, pois, na utilização inadequada da linguagem que não pode acompanhar o progresso das teorias científicas.

O segundo obstáculo epistemológico de que fala Bachelard é o substancialismo, que consiste na tendência que o homem tem de reunir em um único objeto as instituições mais diversas, muitas vezes até opostas.

O obstáculo substancialista pode manifestar-se de várias maneiras. Uma delas seria através da busca de uma explicação "profunda" das coisas, pois a ideia de substância vem quase sempre ligada à ideia de "interior". Bachelard fala, em *La formation de l'esprit scientifique*, da mentalidade dos alquimistas que se preocupavam em "abrir" as substâncias, falando muitas vezes da dificuldade em conseguir isso com os metais, que eram por demais fechados. Penetrando no interior das substâncias estaríamos conhecendo-as mais "profundamente".[10]

Esse anseio em explicar as coisas pelo interior que está oculto pressupõe a crença numa "alma" habitando os objetos, segundo afirma Bachelard, e sendo assim não basta apenas uma mudança metodológica para superar o obstáculo substancialista, mas é necessário um verdadeiro "exorcismo".

Uma outra forma de manifestar o substancialismo é acumulando adjetivos sobre um mesmo substantivo. Na medicina do século XVIII vemos isso claramente, pois os medicamentos eram descritos através de um relato de adjetivos, como mostra Bachelard: "O enxofre dourado é: emenagógico, hepático, mesentérico, expectorante, febrífugo, cefálico, diaforético e antídoto".[11] Seguindo a *Enciclopédia Francesa* a raiz de cardo *santo* (*cactus*) possui dezessete propriedades farmacêuticas.

Para Bachelard a grande quantidade de adjetivos significa pouca precisão de uma ideia, e o progresso da ciência deve consistir em diminuir o número de qualidades, que seriam hierarquizadas, em lugar de justapostas.

Mas a mentalidade pré-científica acredita que as misturas mais complexas são superiores e, por isso, procura ainda juntar essas substâncias que já possuem várias propriedades, chegando

---

[10] Ibid., p. 99.

[11] Ibid., p. 112.

a remédios que servem para as mais variadas enfermidades. Em contraste, a medicina de hoje vê em cada substância uma qualidade específica e considera que isso a valoriza mais. Ao lado desse espírito essencialmente científico encontramos, entretanto, na propaganda medicinal, rasgos de substancialismo pré-científico, pois o comércio estende o emprego de medicamentos para os mais variados males, procurando, assim, alcançar o público através do que existe de pré-científcio nele. Bachelard mostra que na ciência médica contemporânea "se fabrica mais uma qualidade do que uma substância, um adjetivo mais do que um substantivo".[12] A substância, nesse sentido, não é nada sem o atributo.

Certas sensações demasiado fortes, de odor, de sabor etc levam à convicção substancialista. Isso constituiu um forte obstáculo ao desenvolvimento da Química, pois se tentava classificar as substâncias pelas sensações o que comprometia a precisão dessas tabelas.

Como a noção de substância está bastante arraigada no inconsciente,[13] torna-se um dos obstáculos mais difíceis de superar, segundo Bachelard. Tentando buscar as relações dos fenômenos em lugar de admitir que as qualidades estão numa substância, reconhecendo que as propriedades das coisas se reduzem a relações delas com o homem, é que conseguiremos vencer o obstáculo substancialista.

O animismo é mais um obstáculo epistemológico apontado por Bachelard. Trata-se da introdução do conceito de

---

[12] Ibid., p. 114.

[13] Inconsciente em Bachelard tem um sentido muito peculiar. Podemos considerar como inconsciente tudo aquilo que no homem não é razão (ver *La formation de l'esprit scientifique*, p. 40-44).

vida em um domínio alheio às ciências biológicas. Segundo Bachelard, a intuição da vida impede um estudo objetivo dos fenômenos físicos, havendo uma inversão dos meios de explicação na era pré-científica, pois em lugar de explicar os fenômenos biológicos por princípios físicos, como ocorre hoje, os cientistas estudavam o universo atribuindo-lhe as características biológicas do homem.

Bachelard não pretende fazer uma análise dos conhecimentos biológicos, mas apenas considerá-los enquanto obstáculos à objetividade das ciências físicas. Ele mostra através de vários exemplos que durante os séculos XVII e XVIII a vida e os fenômenos relacionados com ela exerciam uma enorme sedução, interferindo a todo momento no estudo das ciências da matéria. A Química dessa época, por exemplo, estudava mineralogia, aplicando, os princípios e conclusões da Química Orgânica. A divisão da natureza em três reinos levava sempre à valorização dos reinos animal e vegetal diante do mineral. Até bem mais tarde, no século XIX, essa influência ainda se fazia sentir e, por isso, Augusto Comte disse que não se podia compreender bem os princípios de uma boa classificação se não se tivesse prática nas ciências da vida. A sua classificação pela ordem de complexidade crescente mostra o privilégio dado aos fenômenos da vida.

O obstáculo animista se manifesta de várias maneiras. Bachelard vai destacar duas delas, reservando-lhes capítulos especiais em *La formation de l'esprit scientifique.*[14] Uma das formas é através do "mito da digestão" e a outra é pela sedução da

[14] Cap. IX e X.

sexualidade. A digestão se torna para o inconsciente bastante atrativa, exercendo grande influência nas operações físicas e químicas pré-científicas. Inúmeros textos de autores passados são citados por Bachelard, a fim de mostrar a influência do mito da digestão. Um deles diz: "Os corrosivos ordinários tratam de devorar os metais; para aplacar sua fome os atacam com fúria".[15] A sexualidade como meio de explicação dos fenômenos físico-químicos é muito usada pelos alquimistas, cuja mentalidade está muito voltada para a fantasia, para a subjetividade, para os sonhos, fazendo com que suas explicações não se tornem objetivas. Em um de seus textos temos: "O mercúrio é estéril. Os antigos o acusaram de esterilidade devido a sua frieza e umidade; mas, quando purgado e preparado como deve, e aquecido pelo enxofre, perde sua esterilidade".[16]

A intuição sempre presente e valorizada da vida leva à concepção desta como propriedade generalizada, fazendo com que se acredite que há uma força unindo todos os seres do universo. Por isso Bachelard vê na intuição animista um forte obstáculo a ser combatido para se alcançar a objetividade que caracteriza a época do novo espírito científico.

Para Bachelard, um conhecimento imediato, comum, não pode ser objetivo porque é essencialmente qualitativo. O conhecimento quantitativo, entretanto, também é um obstáculo para a ciência, se não estiver calcado em uma racionalização realmente eficaz que tenha se desligado das primeiras impressões do fenômeno.

---

[15] Ibid., p. 175.

[16] Ibid., p. 187.

As primeiras representações matemáticas são ainda inadequadas, pois estão fundadas sobre um realismo ingênuo e, sendo assim, não conseguem atingir a objetividade científica, atendo-se às relações não essenciais dos fenômenos.

Numa primeira aproximação o cientista não pode ainda tentar representar o fenômeno quantitativamente, segundo Bachelard. São necessários vários contatos para que se fique conhecendo as relações do fenômeno com os demais e se esteja em condições de iniciar o trabalho de matematização. Diz Bachelard: "É preciso refletir para medir e não medir, para refletir".[17]

Uma outra crítica feita por Bachelard às primeiras representações matemáticas é a constante preocupação pela precisão que as caracteriza. Buscando resultados exatos, os cientistas do século XVIII desprezaram o problema dos erros, acreditando que somente soluções precisas tinham valor científico e esquecendo-se de que a precisão de um resultado é dada pelos processos utilizados para atingi-lo. O desprezo das perturbações, dos erros e das imprecisões encontradas em alguma experiência levaram à noção de lei científica e à possibilidade de sua representação por uma matemática elementar. É o que constata Bachelard em *Le nouvel esprit scientifique,* quando diz:

> A desorganização causada pelas perturbações permanece quase superficial. É assim que a Astronomia e a Geometria, misturadas, põem de saída ao abrigo da dúvida o caráter determinado do devir fenomenal.[18]

---

[17] Ibid., p. 213.

[18] Ibid., p. 95.

Apesar das críticas de Bachelard à matematização direta do fenômeno, ele considera a medida muito importante, chegando até a afirmar: "Poder-se-iam determinar as diferentes idades de uma ciência mediante a técnica de seus instrumentos de medida".[19] Mas, justamente por sua importância, o uso de um instrumento não pode ser precipitado, sendo necessário se conhecerem as condições básicas da medida, isto é, estandardizarem-se os instrumentos e as técnicas, pois do contrário a variabilidade desses impedirá uma precisão realmente, trabalhada. No século XVIII havia carência de técnica experimental, e os instrumentos eram tão variáveis que só tornava impossível alcançar um resultado exato. Se desprezarmos as variações que existem entre instrumentos do mesmo tipo não poderemos alcançar um conhecimento objetivo.

É comum também se encontrar no espírito pré-científico o abuso de determinações de medidas a partir de fenômenos alheios àquele que se está estudando. A ciência dos séculos XVIII e XIX admitirá o princípio do determinismo, acreditando haver uma interação entre todos os fenômenos do universo. Bachelard vai mostrar que os cientistas dessa época, muitas vezes, alcançavam as medidas de um fenômeno através de um instrumento não específico para esse estudo. Como exemplo, ele relata que, não havendo um instrumento capaz de medir o fluido elétrico contido no corpo humano, os cientistas recorreram ao termômetro:

[19] Ibid., p. 216.

> Como a matéria elétrica se considera fogo, sua influência nos órgãos dos corpos vivos deve provocar calor; a maior ou menor elevação do termômetro aplicado ao pé indicará, portanto, a quantidade de fluido elétrico do corpo humano[20].

Sob essa conclusão vemos implícita a crença numa interação entre fenômenos que são por isso igualmente sensibilizados em suas variações.

O espírito pré-científico também desconhece a realidade das escalas e, por isso, transporta conclusões experimentais do pequeno ao grande e vice-versa. Isso é criticado por Bachelard, que afirma que as ideias simples de proporcionalidade exercem uma sedução sobre as pessoas, quando, na verdade, é impossível transpor conclusões para ordens de grandeza diferentes.

Podemos então concluir que a matematização deve ser fruto de um trabalho, não podendo ser imediata nem precipitada. É necessário um estudo prévio que nos dê o alcance dos conceitos utilizados para, após essa reflexão, então, chegarmos à medição. É preciso que se estabeleçam critérios de medida e se analisem os meios técnicos e instrumentais para só os usar posteriormente, quando já houver possibilidade de alcançar resultados precisos, embora essa precisão não signifique desprezo pelos erros ou perturbações que possam aparecer, mas sim o conhecimento da capacidade dos meios de medida.

Após a exposição das várias dificuldades com que a ciência se depara em seu desenvolvimento, gostaríamos de discu-

---

[20] Ibid., p. 219.

tir o sentido que a noção de obstáculo epistemológico tem dentro do pensamento de Bachelard, não só apresentando interpretações de alguns de seus comentadores, mas também colocando a nossa versão do problema.

Como já dissemos anteriormente, a noção de obstáculo epistemológico é bastante ambígua, embora Bachelard lhe tenha dedicado todo um livro. Os obstáculos parecem, à primeira vista, os mais diferentes, sendo difícil, por isso, determinar se são de ordem moral, ideológica, psicológica, etc. Além disso, não está muito claro se o seu sentido é estritamente epistemológico ou se chega a ser pedagógico. Daí a diversidade de interpretações do assunto.

Vamos destacar aqui as interpretações de dois comentadores de Bachelard. Selecionamos essas duas não só porque são diferentes, mas também pela importância do dois autores como estudiosos do pensamento bachelardiano.

A primeira interpretação é a de Dominique Lecourt, conhecido estudioso de Bachelard, cuja importância é demonstrada pelo grande número de obras que escreveu sobre esse pensador. Lecourt interpreta os obstáculos epistemológicos como valores ideológicos que interferem na ciência e alteram seu significado.

Baseando-se nas descrições que faz Bachelard de vários textos científicos do século XVIII, diz Lecourt que o que caracteriza a ciência de então é o estatuto social dessa ciência, isto é, ela se mostra como uma ciência fácil, calcada na vida diária e, por isso, objeto de salão.

Segundo Dominique Lecourt, a intenção de Bachelard, ao citar vários textos científicos do século XVIII, é mostrar a influência que essa representação social da ciência exerce sobre o trabalho dos mais importantes cientistas da época. A ciência seria, portanto, aquilo que a sociedade representava.

Para Lecourt essa ideologia ainda persiste hoje, embora de forma camuflada, mas ativa, constituindo um dos mais fortes obstáculos da ciência contemporânea. Essa ideologia está presente quando se fala das ciências como partes de uma "cultura geral" e se considera a especialização uma mutilação do pensamento. Para Bachelard a especialização é essencial ao progresso da ciência.

Nas críticas de Bachelard à alquimia que, segundo ele, era mais uma iniciação moral do que intelectual, Lecourt vê as bases morais da ciência do século XVIII. E como Bachelard compara algumas vezes as teorias alquímicas com as correntes filosóficas contemporâneas (Bergson etc.), Dominique Lecourt conclui que os obstáculos intervêm no conhecimento científico por intermédio da filosofia, que representa os valores ideológicos, cabendo à epistemologia afastá-los à medida do possível.[21]

Uma outra interpretação é a de Michel Vadée, um comentador bastante original de Bachelard, pois sua interpretação difere completamente das demais. Vadée é marxista e faz uma crítica da epistemologia bachelardiana mostrando que nela está implícita uma filosofia idealista. Fiel a sua posição inicial, ele vê na noção de obstáculo epistemológico uma reafirmação do idealismo de Bachelard.

Para Michel Vadée os obstáculos epistemológicos são psicológicos e a-históricos e constituem objeto de estudo de uma teoria dos "instintos" do espírito. Isso significa que,

---

[21] Lecourt, *L'épistémologie historique de Gaston Bachelard*, p. 53-59.

para Vadée, os obstáculos são provenientes de uma estrutura psíquica, reduzindo-se a puros "instintos" do espírito que conhece, além de serem independentes do contexto histórico em que se manifestam.

Segundo Vadée, portanto, esses impedimentos são de natureza puramente subjetiva e não são obstáculos naturais ou materiais, fundados na natureza da realidade física, nas formas de consciência de classe ou nas ilusões ideológicas.

Para Michel Vadée, como marxista, Bachelard não reconheceu as verdadeiras bases da ciência, ou seja, as necessidades do desenvolvimento da produção material e do domínio da natureza, ao afirmar que os obstáculos ao conhecimento são de caráter psicológico e imanentes ao espírito que conhece.[22]

Embora divergentes, essas interpretações apresentam um ponto convergente, que é a afirmação de que a noção bachelardiana de obstáculo epistemológico tem um objetivo essencialmente filosófico, pois se destina a contrariar as filosofias do conhecimento de sua época.

É a partir desse último ponto que nós vamos analisar a noção de obstáculo epistemológico.

Como vimos na introdução desta dissertação, a Epistemologia de Bachelard constitui uma forte oposição à corrente positivista e, na discussão dos obstáculos epistemológicos, está mais uma vez a crítica a essa filosofia que considerava a experiência como única fonte do saber e critério de verdade, afirmando que o conhecimento científico devia partir da experiência. Analisando cada um dos obstáculos apresentados por Bachelard, concluímos que todos eles podem ser redu-

[22] Vadée, *Bachelard ou le nouvel idéalisme épistémologique*, p. 60-65.

zidos a um único: o conhecimento comum ou experiência básica. O obstáculo denominado por Bachelard de conhecimento geral e que poderia ser compreendido como o oposto do conhecimento espontâneo nada mais é do que uma racionalização precipitada, calcada na experiência espontânea. Daí podemos concluir que na noção de obstáculo epistemológico está essencialmente a afirmação da ruptura entre conhecimento comum e científico e uma crítica à posição positivista.

Um outro ponto importantíssimo que parece ter sido desprezado nas interpretações apresentadas é o fato de Bachelard ter reconhecido a interferência do sujeito na ciência, mostrando através do estudo dos obstáculos epistemológicos que o sujeito constrói o conhecimento superando tais obstáculos. Bachelard funda um novo estatuto do sujeito, que deixa de ser um simples receptáculo de verdades absolutas captadas passivamente para ser o autor e produtor do conhecimento científico.

A análise dos obstáculos epistemológicos também nos leva à afirmação da historicidade do conhecimento, isto é, ao reconhecimento de um desenvolvimento descontínuo da ciência, no qual cada época renova seu saber rompendo com o do passado.

Quanto ao sentido que têm os obstáculos epistemológicos para Bachelard, podemos afirmar que o caráter psicológico é ressaltado em toda a sua obra *La formation de l'esprit scientique.* Porém, não podemos, como faz Vadée, negar totalmente o sentido ideológico que aparece implícito quando Bachelard se refere à influência que a educação científica exerce sobre nós, proporcionando-nos uma falsa ideia da ciência contemporânea. A posição de Lecourt também nos parece muito radical, pois afirma que os obstáculos são essencialmente ideológicos, mesmo Bachelard dizendo que tais impedimentos são oriundos do próprio espírito.

Para nós, a origem psicológica é a que está mais presente em Bachelard e, embora haja em determinados momentos da obra uma referência indireta à interferência do ideológico na ciência, faltou a Bachelard aprofundar a relação do sujeito individual com o contexto em que vive a fim de mostrar os limites do psicológico e do social.

2. *Psicanálise do conhecimento objetivo*

A influência de Freud sobre Bachelard se torna evidente se nos atemos às diversas noções freudianas utilizadas na sua epistemologia, tais como: instinto, psicanálise etc. Essas noções, porém, terão um sentido diferente em Bachelard, que as transpõe para o campo do conhecimento científico.

O termo instinto, por exemplo, é usado referindo-se ao espírito, e não ao corpo. Trata-se de uma ideia que, não tendo origem num processo de racionalização, forma-se por um conhecimento imediato e espontâneo. Dessa forma essa ideia passa a interferir "instintivamente" no conhecimento científico.

O significado de psicanálise, para Freud, pode ser expresso em três níveis; como um método de investigação, que consiste em evidenciar o significado inconsciente das palavras, das ações e dos atos imaginários; como um método psicoterápico baseado nessa investigação e como um conjunto de teorias psicológicas que sistematizam os dados introduzidos pelo método acima citado.

Bachelard dá uma nova orientação ao termo psicanalítico, ao considerar que as forças psíquicas, os fatores inconscientes e os sonhos profundos também atuam sobre o ato de conhecer e constituem obstáculos à objetividade científica. Refletindo apenas sobre o conhecimento, Bachelard afirma que pretende fazer psicologia "por reflexo", e não "psicologia direta", isto é, utilizá-la somente à medida que auxilia a depuração dos fatores inconscientes que perturbam o ato do conhecimento.

A história da filosofia tem demonstrado que o problema conhecimento ou se coloca do lado do sujeito ou do lado do objeto, desprezando a relação entre os dois. Bachelard vai mostrar que o importante no conhecimento é justamente a relação sujeito-objeto, pois é no encontro desses dois elementos que se dá o ato de conhecer. E para que esse conhecimento seja objetivo e científico, devemos afastar os obstáculos que nele interferem, para isso utilizando a psicanálise, que nos auxiliará evidenciando os mecanismos inconscientes que perturbam essa relação. Bachelard compreendeu muito bem a complexidade do ato de conhecer, mostrando que o que conhece em nós não é uma razão desencarnada, mas um ser com toda a sua vida, inclusive a psíquica e a onírica.

Bachelard expõe essa tese da psicanálise em seu livro *La formation de l'esprit scienifique* e mais tarde a aplica aos quatro elementos (terra, fogo, ar, água), a fim de mostrar a impossibilidade de um conhecimento objetivo, desses, já que representam valores inconscientes. Como diz Bachelard em *La psychanalyse du feu:* "É o objeto que nos designa mais do que nós o designamos".[23] Isso porque, muitas vezes, pensamos possuir um conhecimento objetivo sobre o mundo e, na verdade, as ideias que formamos já estavam enraizadas em nós.

La psychanalyse du feu é uma obra bastante interessante. Nela Bachelard analisa o nosso conhecimento sobre o fogo, mostrando a impossibilidade de os cientistas chegarem a uma explicação objetiva e científica desse elemento, já que na sua observação misturamos impressões primitivas com dados precisos. O conhecimento do fogo, segundo Bachelard, coloca-se numa zona impura, onde os valores inconscientes impedem a objetividade. Diz Bachelard: "De fato, as antigas condições do devaneio não são eliminadas pela formação científica contemporânea".[24] No prefácio, Bachelard alerta o leitor dizendo que, ao terminar o livro, não terá ampliado seu conhecimento. A obra se propõe, apenas, a exemplificar uma psicanálise especial, isto é, de um único objeto, que será útil como ponto de partida para outros estudos objetivos.

Após essas considerações julgamos já ser possível compreender o sentido bachelardiano de psicanálise. Trata-se de um processo que tem por finalidade mostrar a influência dos valores inconscientes na base do conhecimento científico. Ou, como diz o próprio Bachelard: "Psicanalisar o espírito científico é fazê-lo tomar consciência da impureza de sua motivação e dos obstáculos que dele derivam, fazendo uma catarse intelectual e afetiva".[25]

---

[23] Bachelard, *La psychanalyse du feu*, p. 9.

[24] Ibid., p. 26.

[25] Idem, *La formation de l'esprit scientifique*, p. 93.

Para Bachelard o esforço de objetivação deve ser uma constante no conhecimento, pois não importa o grau de evolução do homem; a primitividade, a subjetividade e o inconsciente humanos estarão sempre ameaçando a objetividade da ciência. A psicanálise deve aplicar-se em cada nível do conhecimento e em todos os momentos de sua evolução, pois como diz Bachelard, "os valores inconscientes são imutáveis" e "os fatores adquiridos não são hereditários". A psicanálise deve ser recomeçada a cada nova abordagem do real, embora jamais possa ser completa e definitiva.

Em *La formation de l'esprit scientifique,* Bachelard vai fazer um estudo exaustivo dos obstáculos epistemológicos à cultura científica, mostrando a necessidade de uma psicanálise do conhecimento:

> sem este acudir constante a uma construção racional bem explícita, vai tornar-se mais fácil a constituição de uma espécie de inconsciente do espírito científico, que logo exigirá uma lenta e penosa psicanálise para ser exorcizado.[26]

Analisando em profundidade cada obstáculo epistemológico, Bachelard vai descontinuar o que há de subjetivo em cada um deles, reforçando assim a exigência de uma psicanálise como meio de afastar tais obstáculos.

Fazendo uma análise do principal e mais difícil obstáculo ao conhecimento científico, que é a experiência imediata, diz Bachelard: "O que há de mais imediato na experiência

---

[26] Ibid., p. 40.

básica somos nós mesmos, nossas surdas paixões, nossos inconscientes desejos".[27] Para demonstrar isso, segue-se um estudo "psicologicamente concreto" da alquimia, onde Bachelard mostra que a experiência alquímica está impregnada de fantasias, sendo ao mesmo tempo objetiva e subjetiva.

Durante o século XIX os historiadores da Química tentavam explicar a origem dessa ciência a partir das experiências da alquimia. Bachelard critica essa tentativa mostrando que a objetividade da Química contemporânea não pode ser proveniente de um estudo alquímico da matéria, no qual predominava um simbolismo inconsciente. O simbolismo alquímico não correspondia a uma verdade objetiva, pois para transmiti-lo a outro era necessário vinculá-lo às forças simbolizantes, inconscientes, sendo, portanto, muito mais de caráter afetivo do que perceptivo. Na ciência, uma experiência mal-sucedida é encarada como um fracasso intelectual que não afeta a ciência enquanto tal. Seus princípios são modificados e surge uma nova teoria. Mas, na alquimia, se uma experiência não tinha êxito, a pureza moral do experimentador era posta em dúvida, e o fracasso passava a ser moral, e não intelectual.

Bachelard diz que a alquimia era ao mesmo tempo uma iniciação intelectual e moral, pois o trabalho de laboratório era considerado uma preparação para o espírito. A comprovação de seus conhecimentos era muito mais interna do que externa. Diz Bachelard: "A dedução dos símbolos não se desenvolve mais sobre um plano lógico ou experimental, mas sobre o plano da intimidade completamente pessoal".[28] Conclui Bachelard dizendo que os educadores devem ficar

[27] Ibid., p. 46.

[28] Ibid., p. 52.

atentos, a fim de defender os alunos dessas tendências afetivas que rodeiam certos fenômenos simbolizados muito rapidamente, e acrescentando que tais conselhos, que podem parecer pouco naturais à primeira vista, não o são, pois ele mesmo se surpreendeu quando preparava amálgama de amônio, recordando palavras alquímicas que diziam haver na massa que inchava a presença de um espírito vital.

Afirmando que uma generalização prematura é um obstáculo ao conhecimento científico porque despreza as variáveis matemáticas essenciais, Bachelard mais uma vez fala da necessidade da psicanálise para se chegar a uma teoria da abstração científica verdadeiramente sã e verdadeiramente dinâmica.

Mas é estudando os hábitos verbais e, mais particularmente, as metáforas que Bachelard dá mais ênfase ao processo psicanalítico. Diz ele que as metáforas seduzem a razão e a sufocam, ativando imagens inconscientes e profundas. Segundo Bachelard, "não é tão fácil quanto se pretende desterrar as metáforas para o exclusivo reino das expressões".[29] É necessário eliminá-las pela psicanálise. A expressão *o ferro é uma esponja de fluido magnético é* uma metáfora que durante muito tempo impediu um conhecimento realmente científico do ferro. Para Bachelard, as metáforas são imagens particulares que se convertem em esquemas gerais que só a psicanálise do conhecimento objetivo pode apagar para então se chegar às abstrações realmente científicas.

[29] Ibid., p. 93.

Em *La formation de l'esprit scientifique* Bachelard diz:

> Como teremos ocasião de observar com frequência, todo vestígio de valoração é um mau signo para um conhecimento que tenda para a objetividade. Um valor, nesse campo, é o signo de uma preferência inconsciente.[30]

Para ele o valor dá lugar a uma experiência íntima que dispensa uma verificação objetiva, pois ele é proveniente do inconsciente, e não de uma observação científica. Bachelard cita o exemplo das pedras preciosas que, consideradas valiosas materialmente, recebem por isso atribuições de outros valores de ordem subjetiva, tais como a capacidade de cura de certas enfermidades. Diz Bachelard: "O valor da pedra preciosa para o inconsciente se transforma em um valor científico".[31]

Vários comentadores de Bachelard tentaram interpretar o significado do termo valor, tão usado pelo epistemólogo. Dominique Lecourt, por exemplo, compreende valor no sentido ideológico apenas. Discordamos de Lecourt, tomando como base as próprias palavras de Bachelard, que o define como o signo de uma preferência inconsciente. Entendemos o significado bachelardiano de valor como todo conhecimento proveniente de emoções inconscientes e que se opõe a todo processo de racionalização científica.

Torna-se necessário recorrer à psicanálise quando substituímos os valores objetivos e científicos por valores subjetivos. Segundo Bachelard, o valor é a qualidade mais difícil de psicanalisar. Vejamos suas próprias palavras: "O valor é a

[30] Ibid., p. 68.

[31] Ibid., p. 152.

qualidade oculta mais insidiosa. É a qualidade última a exorcizar, pois ela adere ao inconsciente mais tempo, mais energicamente".[32]

O progresso do pensamento se faz através da alternância do racional e das paixões que vão sendo eliminadas pela psicanálise. Nos espíritos mais objetivos encontramos rasgos de valoração subjetivos. Bachelard relata que o próprio Bacon, criador do método científico, prendia-se muitas vezes a valores inconscientes, como o fato de acreditar que ficara bom das verrugas porque, após esfregá-las com toucinho, deixara este apodrecer.

Alguns comentadores de Bachelard analisam o sentido da psicanálise do conhecimento objetivo dentro da sua epistemologia.

Anne Marie Denis divide em sua exposição o aspecto psicanalítico e o metodológico, embora afirme que no conhecimento dos fenômenos esses dois aspectos são indiscerníveis, pois ambos são elementos indispensáveis à atividade científica. Após ter eliminado sua subjetividade, o espírito deve elaborar, por meio de um método, sua própria objetividade. O método de Bachelard, segundo Arme Marie, difere do cartesiano, pois, em lugar de partir de princípios fixos, procura dialetizar o pensamento e chega ao objeto científico através de sucessivas retificações.

Dominique Lecourt, tendo considerado os obstáculos epistemológicos como valores ideológicos, vê na psicanálise bachelardiana uma "teoria naturalista da ideologia". Essa

[32] Ibid., p. 161.

interpretação é criticada por Vadée, para o qual a psicanálise em Bachelard tem objetivos terapêuticas, catárticos e normativos, daí seu aspecto moralizador e pedagógico. Michel Vadée, tendo interpretado os obstáculos como psicológicos, não vê outra saída para Bachelard senão recorrer à psicanálise, ou seja, a uma psicologia do espírito científico, a fim de afastar o erro.

Bachelard pressentiu o risco de cair num "psicologismo", fato comum em sua época, contra o qual se insurgiu a fenomenologia de Husserl. Por isso, nos capítulos II e III de *Le rationalisme appliqué*, ele se defende disso. Diz Michel Vadée que, apesar de ser contra o "psicologismo", Bachelard vai cair num idealismo semelhante ao de Bergson e Husserl, pois não aceita uma concepção objetiva (materialista) das formas de consciência.

De tudo que foi dito podemos concluir que o ponto fundamental do processo do conhecimento objetivo é o processo de retificação, pois não se alcança a objetividade sem erros. O erro em Bachelard não é uma falta. Como diz ele: "Erro, tu não és um mal".[33] O erro é positivo, pois nos conduz à objetividade científica quando retificado.

A psicanálise clássica se preocupava com as reações psicológicas individuais determinadas pela vida em sociedade e por isso não se voltou para o conhecimento objetivo. Bachelard pretende, com a psicanálise, eliminar as projeções inconscientes que interferem no conhecimento científico. A psicanálise será o método adequado ao "novo espírito científico", que evolui através de retificações e da vitória sobre os

[33] Ibid., p. 243.

valores inconscientes. Conforme diz Bachelard: "Uma psicologia da atitude objetiva é uma história de nossos erros pessoais".[34]

Mas o mais importante a concluir de tudo o que foi dito é a evidência de que, para Bachelard, a objetividade é uma conquista sobre a subjetividade, o que nos dará dados para a análise que faremos a seguir sobre a objetividade bachelardiana e, posteriormente, sobre a construção do objeto científico na sua epistemologia.

3. *A noção de objetividade*

Para Bachelard é uma necessidade do espírito científico triunfar sobre os obstáculos epistemológicos através de uma psicanálise do conhecimento objetivo. É também necessário retificar o conhecimento através de uma análise da história das ciências, onde as teorias se sucedem descontinuamente. Enquanto a ciência da Idade Moderna era uma retificação do conhecimento comum, a ciência contemporânea é, por sua vez, uma retificação do conhecimento científico moderno. Mas nem a superação dos obstáculos e a retificação são suficientes para se alcançar a objetividade científica. Esta vai exigir mais ainda, tornando-se indispensável um trabalho complementar de racionalização, matematização e construção.

A fim de analisar o significado do processo de objetivação progressiva da ciência contemporânea torna-se necessário compreender a noção bachelardiana de ordem de aproxima-

[34] Ibid., p. 239.

ção, cuja importância é tão fundamental que seu conhecimento passa a ser uma exigência para o entendimento de todos os conceitos da epistemologia de Bachelard.

A primeira obra filosófica de Bachelard, *Ensaio sobre o Conhecimento Aproximado*, descreve o conhecimento científico como essencialmente aproximado. Essa tese de que a ciência procedia por aproximação não era nova na época, tendo sido discutida por várias doutrinas. Diz Michel Vadée que Duhem a analisara em um dos capítulos de seu livro intitulado *A teoria física,* em que ele falava que uma lei física não era verdadeira nem falsa e sim aproximada. A originalidade de Bachelard está em radicalizar essa posição, fazendo dela o eixo central de sua Epistemologia.

Bachelard vai mostrar que a ciência contemporânea inaugurou uma nova era, a da segunda aproximação. Para ele existem duas ordens de aproximação em relação ao real. A ciência anterior só conhecera a primeira aproximação, enquanto a ciência atual se mostra como um conhecimento de segunda aproximação. Não há entre as duas ordens uma continuidade, isto é, não se chega à segunda aproximação por degraus a partir da primeira. Para isso é necessário, como demonstra Bachelard, uma total retificação dos princípios, dos métodos, das técnicas e até mesmo da perspectiva de abordagem. A diferença entre as duas ordens é de caráter qualitativo e quantitativo, pois, além de se tratar de uma nova abordagem, os instrumentos usados na segunda aproximação são mais complexos e mais penetrantes, chegando-se até ao estudo dos microfenômenos. Uma ordem de aproximação é, portanto, relativa aos conceitos e técnicas específicos. Conforme diz Bachelard: "O que caracteriza uma ordem de aproximação é um corpo de determinações técnicas e conceituais, materiais e ideais".[35]

As teorias da ciência contemporânea como a relatividade ou a mecânica quântica e a mecânica ondulatória são exemplos claros dessa segunda ordem de aproximação, segundo Bachelard, pois fizeram retificação nos conceitos e métodos clássicos, apresentando conhecimentos novos, dentro de uma perspectiva totalmente diferente. Para Bachelard a ciência contemporânea inaugurou uma nova etapa na história das ciências, pois a segunda aproximação representa um progresso muito grande, sendo um passo novo para o aperfeiçoamento técnico e experimental da observação, da medida e da verificação, além de constituir uma evolução da racionalidade científica.

As ordens de aproximação só nos informam sobre a aquisição de conhecimentos, mas nada dizem sobre seu conteúdo. Para Bachelard, o objeto do conhecimento científico de segunda aproximação são as qualidades, isto é, os aspectos e as propriedades qualitativas da realidade. Se pensamos na ciência contemporânea como abstrata e matematizada e associarmos a isso as críticas de Bachelard ao realismo e empirismo, por considerá-los filosofias que se prendem à imediatez dos fenômenos, parecerá uma contradição afirmar que o conhecimento científico é qualitativo. Para que possamos compreender o sentido da afirmação bachelardiana, temos que analisar o significado de qualidade para Bachelard. Enquanto no cartesianismo e em Bergson a qualidade era aquilo que se apreendia pelos sentidos, em Bachelard a qualidade é

[35] Bachelard, *Essai sur la connaissance approchée*, p. 126.

determinada por um conjunto de etapas que lhe conferem objetividade. Ao falar de conhecimento aproximado, Bachelard introduz duas noções: a de ordem e a de qualidade. O conhecimento na ciência atual é qualitativo e ordinal, no sentido de que procura reduzir o fenômeno a relações de ordem. A qualidade é objeto da ciência enquanto passível de ser ordenada. Em lugar de procurar conhecer os fenômenos ou as substâncias, a ciência de hoje se prende à relação entre eles. A substância química, por exemplo, é uma ordenação de propriedades qualitativas, o que leva a um primado da qualidade sobre a substância, da relação sobre o ser. Os aspectos qualitativos não são apreendidos imediatamente, são alcançados através de racionalizações e técnicas específicas. Dessa forma, a qualidade se torna mais precisa que a quantidade. Quanto mais o conhecimento progride, mais ele se prende a relações qualitativas e renega a quantidade. Bachelard fala de uma ciência matemática que é puramente qualitativa: a topologia. Esta ciência progride sem recorrer a medidas ou a outras relações quantificáveis. Na ciência contemporânea, segundo Bachelard, está desaparecendo a oposição entre quantidade e qualidade, pois a própria Matemática está caminhando para a topologia. Mais adiante voltaremos a falar dessa nova ciência quando analisarmos o determinismo topológico.

A noção de qualidade e de ordem, em Bachelard, tem um sentido abstrato-concreto, pois é uma noção mediata, que atingimos através de etapas racionais e técnicas, sendo por isso mesmo uma noção adequada à ciência contemporânea.

Justamente porque o conhecimento é qualitativo, ele é aproximado. A impossibilidade de a qualidade ser plenamente objetivada faz com que a ciência atual das relações se conduza por aproximações sucessivas, nunca atingindo plenamente o real. Por isso Bachelard fala de sua Epistemologia como de uma "filosofia do inexato". Diz Bachelard:

> O ser em si não seria mais do que uma espécie de ponto, sem dúvida imaginário, em torno do qual se ordenariam as qualidades nitidamente estratificadas em correspondência com um verdadeiro descontínuo experimental.[36]

A tese bachelardiana do "aproximacionismo", como ele a denomina em vários momentos de suas obras, leva a uma ontologia dispersa, muito diferente da antologia absoluta, que era a base da ciência da época moderna. Em lugar de uma única antologia, temos que distribuí-la em dois níveis, além de admitir a relativização do ser, o que implicará uma total reformulação da noção de objeto científico e da noção de objetividade.

Como vimos anteriormente, para Bachelard, o conhecimento científico é sempre uma retificação de um conhecimento anterior. A ciência contemporânea exige, portanto, uma nova perspectiva: a substituição da fenomenologia por uma "noumenologia", conforme diz Bachelard, isto é, o abandono do conhecimento imediato dos fenômenos pela elaboração de objetos de pensamento e de experiências técnicas. A ciência atual institui, portanto, um relativismo da antologia em lugar da antologia absoluta, que era a base da ciência anterior. Para a Epistemologia bachelardiana, os fe-

---

[36] Ibid., p. 126.

nômenos físicos e químicos não aparecem na natureza, nenhum deles está dado, tornando-se necessário constituí-los. Todo fenômeno estudado pela ciência é um resultado de teorias e técnicas, sem as quais ele não existiria. Com a ciência contemporânea entramos, pois, em uma ontologia técnica; abandonamos a fenomenologia para instaurar uma fenomenotécnica.

Toda a epistemologia bachelardiana se apoia na tese da construção do objeto científico. É a partir dela que todos os seus demais conceitos poderão ser compreendidos. Mostrando que a ciência de hoje não se preocupa mais com a descoberta dos fenômenos ou com a descrição de um real aparente, e por isso mesmo subjetivo, Bachelard vai fixar-se na tese da construção do objeto científico, dando no decorrer de sua obra uma série de exemplos que vêm demonstrar a sua veracidade. A ciência de hoje, portanto, não descreve ou expressa a realidade que vemos, ela constrói seu objeto, empregando técnicas e métodos racionais que lhe garantem a objetividade. Diz Bachelard: "O objeto não se institui senão ao longo de um processo de objetividade racional".[37]

Podemos dizer, então, que o objeto científico é um objeto abstrato-concreto, pois é constituído pela razão e pela técnica, ao longo do processo do conhecimento científico. No seu livro *Le matérialisme rationel*, Bachelard emprega o termo "objeto segundo", procurando distingui-lo da noção realista de objeto, que era o fundamento da ciência anterior. Com esse novo termo, Bachelard estaria retirando todas as implicações sensíveis da pa-

---

[37] Id., *Le matérialisme rationel*, p. 37.

lavra objeto. Como exemplo de "objeto segundo" na Química, Bachelard cita o tetraedro de carbono, que não é algo real, para ele, estando implicado em teorias e técnicas da ciência química.

A afirmação de que a ciência é uma construção repercute na ideia de "dado". Para o positivismo o dado existe para o sujeito; logo, podemos dizer que ao dado corresponde, do lado do espírito, uma faculdade de receber. Os objetos da ciência contemporânea recusam tal estatuto, segundo Bachelard. O corpúsculo físico, por exemplo, não existe na natureza; ele é um resultado, e o objeto microfísico não pode ser considerado uma miniatura do objeto comum, só podendo ser apreendido quando construímos uma experiência para isso. Como o objeto da ciência é da ordem do construído, ele não existe independentemente do sujeito, sendo um "artefato", um efeito, um resultado. Diz Bachelard: "A ciência de hoje é deliberadamente factícia no sentido cartesiano do termo. Ela rompe com a natureza para constituir uma técnica".[38] E, mais adiante, Bachelard fala da noção de dado: "A noção filosófica de dado é muito imprópria para caracterizar o resultado de laboriosas determinações dos valores experimentais".[39]

Afirmar que a ciência é uma construção do sujeito não significa instaurar um idealismo, do que já se acusou algumas vezes a epistemologia bachelardiana. O que Bachelard mostra é que o sujeito é ativo no conhecimento, é quem o constrói. Mas ele mostra também, afastando todo idealismo, que o conhecimento não se constrói somente do lado da razão, sendo imprescindível a contribuição da experiência nessa construção.

---

[38]Id., *La activité rationaliste de la physique contemporaine*, p. 34.

[39] Ibid.

Reconhecer que o objeto científico é construído é reconhecer a atividade do sujeito na ciência, o que revoluciona a perspectiva positivista e espiritualista, predominante em sua época, que via na ciência uma descrição das leis dos fenômenos. Em Bachelard, a ciência vai construir o real, que não existe por si, e, em lugar de se propor a descrever suas leis, a ciência terá por objetivo modificá-lo, agir sobre ele, transformar a natureza.

Quando se segue a história dos descobrimentos e das teorias físicas e químicas modificamos nossos juízos sobre o caráter direto e imediato do objeto e passamos a reconhecer que o objeto da ciência é da ordem do construído. A palavra "descobrir", nessas ciências, tem um significado muito peculiar, pois, conforme diz o próprio Bachelard, não se descobre um corpúsculo físico, como se, levantando a tampa de uma caixa, o encontrássemos lá. Tem mais sentido dizer que o inventamos ou que o construímos através de processos racionais e técnicos. O pósitron, por exemplo, nos dá apenas um vestígio de sua existência nas fotografias das trajetórias de elétrons tomadas nas câmaras de Wilson. De fato, as fotografias só nos dão vestígios, pois como a trajetória normal do elétron vai de cima para a esquerda, quando aparece uma que vai de cima para a direita supõe-se que seja a trajetória de uma partícula cuja carga é contrária à do elétron, isto é, positiva. Então a denominamos pósitron. A microfísica está repleta de objetos construidos. O nêutron também não foi apreendido diretamente, ele é uma "realidade" formulada por suas consequências. Deparando-se em experiências físicas com fenômenos surpreendentes, os cientistas postularam a existência do nêutron para explicá-los. Conforme diz Bachelard: "Pode-se assim dizer que a objetividade do nêutron é primeiramente uma resposta a objeções".[40] Os corpúsculos da Física contemporânea são, de fato, mais exatamente centros de força que centros de ser. E o mais surpreendente é que seus estatutos ontológicos são variáveis, isto é, não apresentam o mesmo valor realístico. Eles diferem entre si filosoficamente. Enquanto uns são postulados por uma trajetória que faz supor sua existência, outros não recebem nem mesmo esse tipo de confirmação e apenas são formulados para explicar fenômenos que surpreendem os cientistas em experiências. O neutrino possui um estatuto ontológico dos mais estranhos, que deixaria um realista bastante chocado. Ele é um corpúsculo com carga nula e massa nula, mas cuja existência foi postulada a fim de tornar compreensíveis fenômenos relativos à radiação. Todos os corpúsculos da Física requerem um estudo fenomenotécnico, e não fenomenológico, pois são produtos de técnicas eletrônicas e racionalizações, e não de técnicas consideradas naturais. Podemos dizer que os corpúsculos físicos são objetos do racionalismo aplicado, pois estão no limite da invenção e da descoberta, que é onde atua o racionalismo bachelardiano. Diz Bachelard: "Com efeito, não se pode verdadeiramente dizer que os corpúsculos sejam um ponto dado. Nem sequer podemos dizer que os corpúsculos são dados ocultos. Temos que inventá-los, e não descobri-los".[41] Nesse mesmo livro, Bachelard diz: "O méson, situado na confluência da teoria mais abstrata com

---

[40] Ibid., p. 118.

[41] Ibid., p. 87.

a busca técnica mais minuciosa, é um corpúsculo de duplo estatuto ontológico, necessário aos seres da Física contemporânea".[42]

A Química contemporânea também dá provas da construção de seu objeto. O mundo do químico não está exposto a sua frente, é também construído pelo cientista. Diz Bachelard: "O químico pensa e trabalha a partir de um mundo recomeçado".[43] Para Bachelard, a Química também constrói seu objeto, embora até nossos dias tivesse sido considerada a ciência substancialista por natureza. Hoje as substâncias químicas adquiriram o estatuto da antologia técnica, isto é, passaram a ser criadas pela técnica. Diz Bachelard: "A Química é a ciência das transformações e das criações materiais".[44] E mais adiante: "É necessário fazer existir corpos que não existem".[45] Em lugar de se procurar fazer classificações em espécies e gêneros, trabalha-se, agora, sobre planos racionais, e se multiplica a possibilidade de criação. Para Bachelard, os atributos e qualidades da matéria não existem nela, são obtidos através de técnicas. Conforme diz Bachelard: "Compreende-se, então, que a consciência criativa que anima a Química contemporânea coloque uma perspectiva filosófica muito diferente para a fenomenologia do materialismo naturalista".[46]

[42] Ibid., p. 151.

[43] Id., *Le matérialisme rationnel*, p. 22.

[44] Ibid.

[45] Ibid.

[46] Ibid., p. 23.

A tese da construção do objeto científico vai implicar uma retificação da noção de objetividade da ciência moderna. Calcada no positivismo, definia objetividade como a identidade entre o pensamento e a experiência. Para isso, era necessário afirmar a existência de uma realidade exterior, independente do sujeito. Para Bachelard, a objetividade não poderá estar fundada sobre a existência de objetos ou de uma realidade objetiva. A tese bachelardiana toma como ponto de partida que a objetividade não é um dado primitivo; ela tem que ser conquistada. Só através de racionalização e técnicas é que o conhecimento científico encontra sua coerência. Um pensamento objetivo é, portanto, aquele que foi objetivado. Diz Bachelard: "O objeto não pode aparecer de imediato como objetivo".[47] Se na ciência atual chega-se ao objeto através de teorizações, matematizações e experiências técnicas, não tem sentido se falar em objetividade imediata, mas sim numa objetividade trabalhada, numa objetividade que é o resultado de um processo racional e técnico. Anne Marie Denis diz em seu artigo "A psicanálise da razão de Gaston Bachelard" que todo conhecimento objetivo é um conhecimento em dois tempos. Na primeira aproximação localiza-se o objeto, e na segunda atinge-se a fase discursiva sobre o objeto, que termina numa objetividade. Se não há objetividade imediata, o conhecimento por aproximações sucessivas tem sentido, pois nunca se pode considerar o conhecimento como definitivo. A ciência progride sempre, e por isso é necessário, para Bachelard, reviver continuamente o instante de obje-

[47] Id., *La formation de l'esprit scientifique*, p. 239.

tividade, fazer um esforço constante de objetivação. São as técnicas e teorias que garantirão, portanto, a objetividade do conhecimento científico. Conforme diz Bachelard: "Não se pode chegar à objetividade senão expondo de uma maneira discursiva e detalhada um método de objetivação".[48]

As conclusões bachelardianas sobre o problema do determinismo científico são um reforço para sua tese da objetividade. Os físicos do século XVIII defendiam um determinismo objetivo, afirmando que os fenômenos do universo se sucediam subordinados a uma cadeia causal que os unia. Bachelard vai negar esse determinismo "laplaceano" ou clássico, opondo-lhe um determinismo instrumental ou técnico. Para ele, a microfísica vem mostrar a impossibilidade de se falar em causas determinantes numa ciência que estendeu sua análise ao mundo dos microfenômenos. Diz ele: "A revolução de Heisemberg não tenta senão estabelecer uma indeterminação objetiva".[49] Pela mecânica clássica, conhecendo-se a posição e velocidade de um móvel, podia-se determinar seu comportamento futuro. Heisemberg, em suas experiências na microfísica, chegou à conclusão de que, em relação aos microfenômenos, isso não acontece. Na microfísica é impossível determinar, ao mesmo tempo, posição e velocidade de um corpúsculo. Para determinar a posição aumentamos a imprecisão sobre a quantidade de movimento e vice-versa. Nossa observação, nossas medições intervêm como elemento perturbador, o que significa que não se pode falar de um

---

[48] Id., *Le nouvel esprit scientifique*, p. 18.

[49] Ibid.

determinismo objetivo, já que os processos técnicos não podem garantir tal objetividade. Heisemberg, além de ter verificado isso, expressou matematicamente essa incerteza, o que nos leva a afirmar, portanto, uma indeterminação objetiva. Como vimos, a possibilidade de um determinismo fundamental é rejeitada por Bachelard, sendo apenas admissível se falar em "determinismo técnico", que significa um determinismo introduzido, pelo cientista, nos fenômenos. Em lugar de existir na realidade, ele seria produzido por técnicas de laboratório. Diz Bachelard:

> Basta seguir o aperfeiçoamento de uma técnica como a do rádio, para ver o jogo das perturbações eliminado e o determinismo consolidado. Este jogo só é possível por uma cooperação estreita da teoria e da técnica. O determinismo consolidado é um determinismo compreendido. Ele estabelece seguindo o eixo do racionalismo aplicado.[50]

A noção mais adequada para explicar as correlações entre fenômenos, segundo Bachelard, é a do determinismo topológico, que reduz a causalidade dos fenômenos a um conjunto de relações causais representados por funções, e não se baseia nem no caráter imediato dos fenômenos, nem em medidas desses. O determinismo topológico, sendo prévio, decidirá a respeito das variáveis que serão submetidas à medida. Em *Le rationalisme appliqué* Bachelard apresenta um esquema de síntese que reúne num só ciclo os fenômenos da piezeletrici-

[50] Id., *La activité rationaliste de la phisique contemporaine*, p. 125.

dade, da pireletricidade e da termoeletricidade, denominado esquema de Cady e que constitui um exemplo de determinismo topológico.

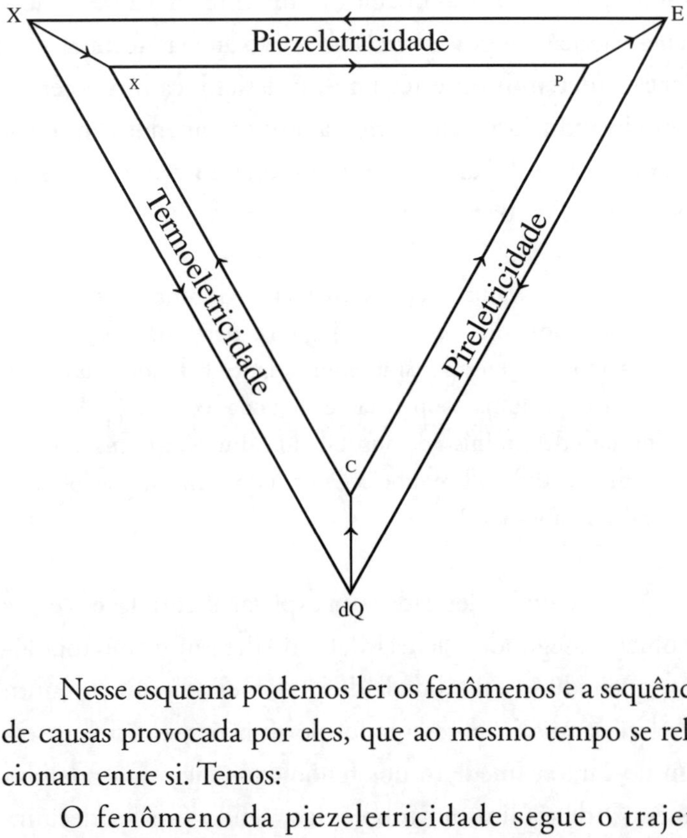

Nesse esquema podemos ler os fenômenos e a sequência de causas provocada por eles, que ao mesmo tempo se relacionam entre si. Temos:

O fenômeno da piezeletricidade segue o trajeto X → P → E e dá a sequência de causas seguintes: a força aplicada ao quartzo X dá uma deformação x, que produz uma polarização elétrica P, que se manifesta pela carga elétrica E. O fenômeno inverso é representado pelo trajeto E → X (carga elétrica se manifesta por uma força mecânica). Daí a reciprocidade da piezeletricidade.

O fenômeno da pireletricidade segue o trajeto O → P → E e dá a seguinte sequência de causas: a elevação de temperatura O produz polarização elétrica P, que se manifesta por uma carga elétrica E. Ocorrendo em seguida o fenômeno inverso E → dQ → O (carga elétrica provoca aumento de calor dQ, e há elevação de temperatura O).

O fenômeno da termoeletricidade segue o trajeto O → x, que significa elevação de temperatura. O produz uma dilatação x. O fenômeno inverso ocorre: X → dQ → O (X libera uma quantidade de calor dQ que se manifesta por uma elevação de temperatura O).

Achamos interessante exemplificar com esse esquema a noção bachelardiana de determinismo topológico, pois nele aparece nitidamente o desprendimento dos aspectos imediatos dos fenômenos, considerando-se apenas suas relações. Nem mesmo o tempo tem importância, pois as causas podem ser aceleradas ou tornadas lentas pelo técnico sem que isso afete a relação.

Para Bachelard, a noção antropomórfica de causa da ciência anterior é substituída pela noção científica de função, pois nela as cadeias são expressas matematicamente e reforçadas tecnicamente. A causalidade em sua forma científica mais evoluída pressupõe uma racionalidade trabalhada, através da qual atingimos a objetividade do racional e do real.

É importante também ressaltar o caráter social da objetividade, bastante discutido por Bachelard em suas obras. O ideal bachelardiano de objetividade é social, porque visa o assentimento entre os sábios de uma "cidade científica". A ciência não é fruto do indivíduo. Não é um sujeito qualquer, um sujeito empírico que alcança a racionalidade, mas sim um sujeito racional, fundamentado em um racionalismo docente, que garante a objetividade de seu conhecimento. É o sujeito dessa cidade científica que, através da convergência dos espíritos, chega a conhecimentos racionais e, portanto, à objetividade científica.

Um outro aspecto importante a ser abordado é o da colocação bachelardiana do problema da objetividade em confluência com a história humana. Bachelard diz que é necessário um preâmbulo histórico que prepara o cientista para que possa chegar a determinadas teorias científicas. Por exemplo, não se pode fazer um estudo objetivo da luz sem antes ter passado pelo realismo dos fenômenos luminosos. A partir dos textos de Bachelard, depreendemos que não podemos lhe atribuir a tese de um determinismo histórico, no sentido de uma afirmação de influência de fatos históricos no progresso da ciência, pois Bachelard diz claramente que o desenvolvimento científico é autônomo. A ligação da sua noção de objetividade com a história é colocada, conforme pudemos concluir, no sentido de que a objetividade exige uma preparação prévia, ou seja, um conhecimento do passado científico, pois é impossível se partir de uma *tabula rasa*.

Podemos então concluir, através da discussão e da análise da noção de objetividade, que na epistemologia bachelardiana os fenômenos são resultados, e que a ciência, em lugar de expressar o real, procura construir seu objeto através de processos racionais e técnicos, que são a única forma de garantia da objetividade do conhecimento científico.

3

Projetos Racionais da Ciência

1. *Matemática e experiência*

Bachelard utiliza o termo indução em um sentido que lhe é próprio e que não foi abordado pelas filosofias ou ciências anteriores. O sentido bachelardiano não é nem o de Aristóteles – que o definia como um método de raciocínio oposto ao silogismo (que, partindo de proposições particulares, chegava a uma proposição geral) –, nem o de Bacon – que considerava a enumeração como própria do processo indutivo científico –, nem o de Poincaré – que o definia como raciocínio por recorrência. Nenhuma significação de indução pode ser equivalente à bachelardiana.

Bachelard considera indução como sinônimo de construção, isto é, como invenção de um real científico. A indução é a construção de fenômenos novos. Diz Bachelard: "Por indução nós entendemos sempre a indução que descobre".[1] O racionalismo aplicado de Bachelard é um racionalismo indutor[2].

---

[1] Bachelard, *Essai sur la connaissance approchée*, p. 132.

[2] Bachelard usa o termo "indutor", em vez de indutivo, para caracterizar bem o sentido que dá à indução, que é o de invenção. O raciocínio indutor é aquele capaz de inventar o real, isto é, de pensar fenômenos que ainda não foram observados.

Segundo Bachelard, a indução da ciência contemporânea decorre do papel da Matemática no seu desenvolvimento. O poder de invenção da Física decorre da sua matematização. Enquanto a Física experimental fornece o material e os problemas, a Física Matemática cria possibilidades novas de realização. É a Física pensada matematicamente que inventa o real. Para Bachelard, portanto, o valor indutivo da teoria científica decorre de seu *status* matemático. O valor indutivo da Matemática reside na sua própria natureza, pois ela é uma ciência que permite a generalização e a complexificação das relações. Segundo Bachelard, na ciência contemporânea a extensão é mais importante que a compreensão, no sentido de que as teorias devem aplicar-se ao maior número possível de fenômenos. Sendo assim, a Matemática se torna importante pelo poder de extensão de suas noções. A Matemática tem extensão inigualável porque realiza, em suas equações, todas as variações possíveis. Através de funções, a Matemática consegue representar todas as razões da variação de um fenômeno. Bachelard cita, como exemplo, o cálculo sensorial, que incorpora todas as variações, mesmo as que poderiam parecer virtuais. A capacidade de invenção da Matemática decorre muito mais da extensão de suas noções do que da compreensão destas. Quanto mais uma noção se estende, mais experiências ela organiza. Diz Bachelard: "O pensamento matemático progride com a aparição de ideias de transformação, de correspondência e de aplicação variada".[3]

[3] Id., *Le nouvel esprit scientifique*, p. 24.

Na origem do espírito científico, era necessário que o físico fizesse generalizações a partir do empírico, sendo então o pensamento um resumo da experiência. Segundo Bachelard, na ciência contemporânea a experimentação cedeu lugar à Matemática. Isto, porém, não significa que Bachelard negue a necessidade de fazer verificações em Física. Ele reconhece a união teoria-experiência que caracteriza o racionalismo contemporâneo. Sua crítica é contra a doutrina clássica da experimentação, que atribuía aos fatos um valor de verificação da teoria e supunha a existência de uma realidade objetiva exterior e independente de nosso conhecimento. Em *La formatión de l'esprit cientifique*, Bachelard diz que toda filosofia da observação existente no século XVIII tinha por objetivo separar Matemática e Física, ao dizer que, enquanto a Física explicava, a Matemática calculava. A tese bachelardiana se opõe a isso, afirmando que a Matemática forma a base de explicação Física e que as condições do pensamento abstrato não podem ser separadas das condições de experimentação. As relações entre o abstrato e o concreto se expressam nas relações entre Matemática e Física.

Em *Le rationalisme appliqué*, Bachelard mostra que, acompanhando a constituição da técnica da radiofonia, percebemos claramente a correspondência abstrato-concreto, ou melhor, a correspondência Matemática-experiência, pois a técnica, neste caso, desenvolve-se no plano das equações. Só se compreende o funcionamento dos filtros de radiofonia se se conhece álgebra e se sabe a técnica. Os filtros eliminam vibrações nos aparelhos e, paralelamente, soluções nas equações, isto é, a técnica é realizada pelas soluções encontradas numa equação. A fórmula matemática, embora pareça abstrata, possui uma tal força de organização que nos impede de desprezar seu aspecto de concretude. Enquanto o fenômeno é um objeto da percepção, a equação é um *noumeno*[4], isto é, um objeto do pensamento, mas que não constitui uma abstração pura, pois está voltado para a aplicação.

A tese que Bachelard desenvolve é a de que a Matemática não é uma simples linguagem, um simples meio de expressão que apenas traduz a realidade fenomenal. A Matemática abre caminho a investigações racionalistas diversas e, através da criação de um corpo de conceitos, organiza a experiência. A identidade entre Matemática e linguagem pode ter sido uma afirmação verdadeira na origem do espírito científico, quando se partia da observação imediata dos fenômenos para se constituir a teoria. Bachelard cita, como exemplo, a lei da atração dos corpos, que, baseada na experiência imediata, precisava de uma expressão Matemática para torná-la mais precisa. Mas na ciência atual, em que o espírito científico se afastou das primeiras intuições, ele está inteiramente presente no esforço matemático. Conforme diz Bachelard, "o esforço matemático é o instrumento da descoberta, a expressão Matemática, por si só, permite pensar o fenômeno".[5] O instrumento matemático, é, portanto, imprescindível para fazer progredir a ciência de hoje.

Pelo que foi dito, concluímos que Bachelard atribui à Matemática três capacidades. Ela tem um valor indutivo, isto é,

---

[4] Noumeno, para Bachelard, significa objeto construído pela razão científica, que não tem origem na experiência, embora esteja voltado para a aplicação.

[5] Id., *Le nouvel esprit scientifique*, p. 54.

inventivo, pois através de seu raciocínio proliferante[6] cria todas as variáveis possíveis de um fenômeno, até mesmo aquelas que a experiência sensível jamais poderia dar. Por exemplo, é possível, através de equações, prever fenômenos decorrentes de um corpo que tivesse a velocidade maior do que a da luz, embora pela teoria da relatividade não possa existir uma velocidade que ultrapasse a do raio luminoso. Além disso, a Matemática, voltando-se para a aplicação, leva à descoberta de fenômenos que a simples observação não possibilitaria. É o pensamento matemático que organiza as experiências, ao mesmo tempo em que é alimentado por elas, pois, ao ser aplicado, o instrumento matemático cresce, adquirindo capacidades novas de generalização. Conforme diz Bachelard: "O pensamento matemático é um programa de experiências a realizar".[7] E mais adiante: "A Matemática da Física é alimentada por sua aplicação à experiência".[8] Além do valor indutivo e descobridor, a Matemática também tem valor sintético, segundo Bachelard. Um símbolo matemático contém em si todas as condições de aplicação possíveis. Ele sintetiza em si mesmo, portanto, as possibilidades de existência de um fenômeno. Bachelard cita a mecânica ondulatória e a quântica como os campos científicos atuais onde podemos destacar melhor o valor sintético da Física Matemática. Os símbolos matemáticos são comparáveis, apenas, aos estéticos, segundo Bachelard, pois as imagens da arte também evocam possibilidades sem limite.

---

[6] Raciocínio proliferante, para Bachelard, é aquele que inventa várias possibilidades de realização de um fenômeno.

[7] Id., *Le nouvel esprit scientifique*, p. 55.

[8] Ibid.

A acusação de formalismo não teria o menor sentido no pensamento bachelardiano, já que a Matemática não é um pensamento vazio ou fechado; procura, ao contrário, organizar experiências reais e se abre a possibilidades novas. Bachelard ressalta a insuficiência do "convencionalismo matemático" ou do "realismo matemático", mostrando que as noções Matemáticas nem são puras ideias nem têm origem na observação sensível. O desdobramento do pensamento geométrico, ocorrido com o surgimento das geometrias não euclidianas, traduz a dialética existente na Matemática e destrói a tese do "convencionalismo matemático". Para Bachelard, a multiplicidade das geometrias contribuiu para desconcretizar cada uma delas, pois veio demonstrar que nenhuma corresponde à realidade, tornando, assim, insuficiente a tese do "realismo matemático".

Após uma análise do papel da Matemática na ciência contemporânea, essas duas posições, defendidas no século XVIII, deixam de ter sentido. Diz Bachelard: "Devemos pôr em evidência o jogo dialético que fundou o não-euclidianismo, jogo que volta a abrir o racionalismo, a afastar esta psicologia de uma razão fechada, encerrada sobre axiomas imutáveis".[9]

A fim de mostrar como a Matemática trabalha no seio da Física, Bachelard dá vários exemplos em seus livros. Nesses relatos, pode-se ver nitidamente a relação abstrato-concreto ser evidenciada, o que prova que, nas noções científicas, existe sempre essa união. O exemplo mais fácil para demonstrar

[9] Ibid., p. 23.

como é, essencialmente, o trabalho matemático é relatado por Bachelard em *L'engagement rationaliste* e refere-se ao estudo atual sobre a propagação térmica nos sólidos. Com Biot e, posteriormente, com Fourier atingiu-se uma conclusão científica, em que a intervenção da Matemática foi decisiva. O estudo do fenômeno foi feito utilizando-se uma barra de metal, aquecida em uma de suas extremidades. Colocando-se vários termômetros, dispostos regularmente ao largo da barra, obtém-se a equação diferencial das temperaturas, que expressa a variabilidade delas. Essa equação geral ultrapassa a própria experiência, pois contém possibilidades não apreendidas na experiência. Fazendo-se cálculos, chega-se a soluções particulares que, embora parecendo de início puramente formais, não o são, como ficará provado numa segunda fase, quando o cientista vai adaptar essas soluções às condições reais dos fenômenos. A Física Matemática, em lugar de traduzir a realidade, expressa-se em termos de possibilidades experimentais. Embora Heisemberg faça exigências positivistas de que todas as noções empregadas tenham um sentido experimental, ele se apoia sobre experiências fictícias, que demonstram que a Matemática trabalha no reino do possível, onde o fenômeno real é apenas um caso particular deste.

Referindo-se às várias partes da Matemática, Bachelard diz que todas elas possuem um valor de explicação e invenção muito grande. A álgebra traduz a correspondência abstrato-concreto de modo perfeito, e seu desenvolvimento e sua generalização são fatores de ampliação do conhecimento. Bachelard identifica a equação algébrica a um noumeno, pois pensa-se antes, para realizar depois. A aritmética é considerada, por Bachelard, muito mais uma ciência da ordem do que da quantidade. A aritmética deve ser a base de uma explicação Matemática geral, porque o conhecimento quantitativo é, ele mesmo, redutível a uma comparação ordinal. Para Bachelard, a aritmética também possui um grande valor de explicação dentro da Matemática contemporânea.

Bachelard mostra em seus livros que não só a Física, mas também a Química atual, passaram a ser pensadas matematicamente. A Química passou do plano realista ao plano da Matemática probabilitária. Como numa outra parte do livro vamos analisar em detalhes essa passagem, daremos aqui apenas uma indicação do trabalho matemático que realiza a Química. Inicialmente o progresso nesta ciência se fez, evidentemente, com a passagem do realismo da partícula, em que sua presença real era o fundamento das reações químicas, para o realismo da estrutura, em que não mais a partícula, e sim sua organização, explicava os fenômenos químicos. Chega finalmente a Química, na época atual, à era da Matemática Probabilitária, em que se substituem os elétrons por números quânticos, que servem para quantificar a energia, e se procura expressar as reações químicas por leis de probabilidade, em lugar de relações fixas e precisas. Conforme diz Bachelard: "A realidade se transforma primeiramente em realismo matemático, depois o realismo matemático vem dissolver-se numa espécie de realismo das probabilidades quânticas".[10] Mais adiante, Bachelard acrescenta: "Expressemos, portanto, esta dupla supremacia do noumeno sobre a coisa, e do provável

[10] Ibid., p. 82.

sobre o noumeno, por uma fórmula polêmica: a substância química não é mais do que a sombra de um noumeno".[11] A substância da Química contemporânea sofreu uma desrealização total, desvanecendo-se quase por completo. As razões de estabilidade não são encontradas em uma matéria concreta, e sim nas leis de probabilidade. Tudo isso ficará bem mais claro quando desenvolvido mais adiante. É suficiente, por enquanto, compreender-se que o fenômeno químico atual também passou a ser pensado matematicamente.

Um outro aspecto que julgamos fundamental analisar é o da origem das noções Matemáticas. Bachelard não aceita que os conhecimentos matemáticos tenham origem na experiência sensível, nem que sejam puras ideias provenientes apenas da razão. Também na teoria sobre a origem da Matemática, Bachelard se coloca numa perspectiva de razão-experiência. Para ele, os seres matemáticos têm origem em técnicas operatórias. A partir da unidade, através de operações, surgem os demais números e a aritmética.

A Geometria também não nasceu da simples contemplação de figuras concretas ou de essências ideais. Ela teve origem nas técnicas de medida da terra. As noções Matemáticas são, portanto, provenientes de operações que, à medida que a ciência vai progredindo, vão-se tornando mais abstratas e gerais.

Uma noção fundamental no pensamento de Bachelard é a noção de operador, que vem, mais uma vez, reforçar o papel da Matemática na ciência contemporânea. Bachelard fala

[11] Ibid.

da noção de operador em muitos livros, tendo dedicado um capítulo inteiro a isso em *La activité rationaliste de la physique contemporaine.*

Por operador, compreendemos uma fórmula Matemática que tem a capacidade de operar sobre funções ou sobre outras fórmulas, obtendo, assim, equações aplicáveis aos fenômenos. Apesar de ser uma noção fundamental no pensamento bachelardiano, não há nenhum momento em que Bachelard defina com clareza essa noção. Muitas considerações são feitas sobre ela, e muitos exemplos são dados, mas nenhum deles permite chegar-se a uma definição precisa de operador. Segundo demonstra Bachelard, o método matemático consiste em substituir, uma vez formadas as expressões algébricas que traduzem um fenômeno, as funções matemáticas que entram nessa expressão pelos operadores. Pode parecer que, ao se dar essa substituição, ainda estamos em pleno formalismo, já que o operador é ainda uma fórmula matemática; na verdade, porém, o operador apresenta um plano das possibilidades de realização mostrando todos os casos possíveis de seu coeficiente de probabilidade.

Num racionalismo ativo, que trabalha com operadores, estão implícitas as filosofias do realismo, do formalismo e do probabilismo. O racionalismo aplicado organiza a apreensão realista dos fenômenos, o formalismo das substituições e a interpretação das possibilidades.

A fim de explicitar melhor a noção de operador, Bachelard compara a mecânica ondulatória com a ciência anterior. Um dos princípios fundamentais do racionalismo da mecânica ondulatória é: “Uma medida não pode dar como resultados senão as quantidades designadas pelos valores próprios de seu operador".[12] Comenta Bachelard que tal princípio só pode ser compreendido por quem se situa na perspectiva da ciência contemporânea. A fim de explicitá-lo, Bachelard mostra como era a noção de medida na ciência experimental e como a filosofia da noção de medida sofreu uma total modificação. Numa ciência fundamentada no realismo, chega-se à medida partindo do uso de instrumentos como a balança ou o metro. Como pode haver erros nessa medida empírica, fazem-se classificações deles, considerando-os acidentais ou sistemáticos, e acredita-se ter chegado, assim, a uma medida subjetiva. Na ciência contemporânea, parte-se de uma afirmação *a priori* do resultado da medida. O matemático, a partir de uma equação e do auxílio dos operadores desta, designa os resultados da medida experimental do fenômeno, fixando, *a priori,* a probabilidade de todos os casos possíveis. Desta forma, o racionalismo faz um estudo de todas as condições da medida. Um exemplo disso é a equação de Schrodinger da mecânica ondulatória, que expressa um corpo de condições, isto é, um plano orgânico de medidas.

Reconhece Bachelard que, para se formular essa equação, foi necessário recorrer a conhecimentos científicos do passado que, por sua vez, tinham sido extraídos de fontes experimentais. Mesmo que estes conhecimentos tenham o caráter *a posteriori,* para Bachelard, eles estão verdadeiramente retificados em um racionalismo de segunda posição. Por exemplo, a mecânica ondulatória começa tomando uma equação da mecânica clássica; diz, porém, Bachelard que, na

---

[12] Id., *L'activité rationaliste de la physique contemporaine,* p. 241.

verdade, trata-se de um recomeço, em outra perspectiva algébrica e com o vetor que parte do racional para o real. A noção de operador, fundamental no pensamento bachelardiano, esclarece mais ainda o papel da Matemática diante da relação abstrato-concreto, base do racionalismo aplicado.

Dominique Lecourt comenta um texto de Bachelard, que diz:

> O que pode levar a pensar que o espírito científico permanece no fundo da mesma espécie através das retificações mais profundas é o fato de não se apreciar em seu justo valor o papel da Matemática no pensamento científico.[13]

Para Lecourt, o que Bachelard realmente pretende dizer, nesse texto e em outros, é que se não se conhece o papel da Matemática na Ciência não se pode admitir sua historicidade; não se consegue alcançar uma perspectiva filosófica capaz de pensar as ciências como processo histórico de produção de conhecimentos.

Na verdade, ao se negar uma Razão imóvel, afirmando que o racionalismo se modifica através das épocas, supõe-se uma historicidade da ciência. Neste texto a preocupação maior é mostrar o papel da Matemática na ciência contemporânea e negar o formalismo matemático.

Os comentários de Michel Vadée sobre as teses bachelardianas da Matemática são bastante relevantes. Apesar da recomendação de Bachelard quanto ao uso de imagens que

[13] Id., *Le nouvel esprit scientifique*, p. 53.

poderiam prejudicar a precisão da linguagem, sua forma de expressão é bastante ambígua, e o uso de metáforas é constante. Por isso, muitas vezes é difícil captar o sentido exato de suas afirmações. Vadée escolheu um texto bachelardiano que diz: "O cálculo sensorial é um instrumento matemático que cria a ciência física contemporânea como o microscópio cria a microbiologia".[14] E, nesse texto, ele destacou a palavra "criar", mostrando que esse termo constitui um obstáculo para a compreensão da afirmação bachelardiana. Michel Vadée viu dois sentidos nessa palavra: um deles seria o de inventar novas teorias; o outro seria o de criar uma realidade Física que não existiria naturalmente.

Concordamos com Vadée quanto à crítica, reconhecendo que, de fato, a linguagem bachelardiana é bastante ambígua e imprecisa. Uma questão, porém, deve ser levantada: Não estaria Bachelard tentando dar os dois sentidos ao termo "criar"? Depois de uma análise dessas duas significações dentro da epistemologia bachelardiana, concluímos que ambas são condizentes com suas teses. Na verdade, a Matemática é realizante, não só porque é capaz de ampliar a ciência, criando teorias novas, como também é realizante no sentido de construir fenômenos e possibilidades fenomenais que não poderiam ser constatados simplesmente na realidade.

Foi a partir desta interpretação da tese bachelardiana sobre o papel da Matemática na ciência contemporânea que consideramos importante expô-la numa dissertação, cujo objetivo principal é trabalhar a noção bachelardiana de

[14] Ibid., p. 54.

construção na ciência. Interpretando o aspecto realizante da Matemática, nos dois sentidos abordados por Vadée, tornou-se indispensável analisar mais detalhadamente o trabalho da Matemática na ciência contemporânea para melhor compreender a construção do objeto científico em Bachelard.

2. *Racionalismo aplicado*

A fim de esclarecermos melhor a construção do objeto na ciência, é preciso analisar a noção de racionalismo aplicado introduzida por Bachelard.

Antes, porém, torna-se necessário discutir uma questão fundamental. Trata-se de saber se podemos considerar Bachelard um racionalista.

Refletindo sobre algumas afirmações bachelardianas, parece-nos inicialmente que elas acusam uma contradição em sua epistemologia. Em alguns momentos, Bachelard declara que a etapa mais desenvolvida do pensamento científico é aquela em que este executa as mais ousadas racionalizações. Em outros, Bachelard faz sérias críticas aos racionalistas, mostrando que eles desprezam a experiência, defendendo apenas o conhecimento do racional. Por outro lado, em suas críticas ao racionalismo e ao empirismo, ele acaba por privilegiar a atitude racionalista. Por isso, achamos válido, antes de qualquer análise, discutir essa questão. Compreendemos a posição de Bachelard como uma crítica ao racionalismo clássico dos filósofos, que admitia que todo conhecimento verdadeiro era de origem racional. Nessa posição, estava implícito que os princípios da razão eram absolutos e *a priori,* determinando o funcionamento da razão em qualquer época e em qualquer campo do saber. Bachelard critica tal racionalismo, que não poderia explicar as renovações da ciência contemporânea, e propõe a "abertura" do racionalismo, que passava, assim, a admitir novas categorias. O racionalismo bachelardiano é um racionalismo dialético no sentido de que vai polemizar suas noções de base, mostrando a "complicação" e a riqueza de seus conceitos – antes tomados como simples e absolutos – e admitindo a possibilidade de a razão se ramificar em várias direções, sem que isso abale a verdade de seus conhecimentos.

Podemos concluir que Bachelard não aceita a radicalização de qualquer posição filosófica, mesmo a racionalista. Daí suas críticas ao racionalismo clássico. Bachelard propõe a adoção de um racionalismo aplicado, ou seja, um racionalismo que também admite a experiência, um racionalismo no qual o racional e o empírico se completam. Diz Bachelard: "É bem na encruzilhada dos caminhos que se deve colocar o epistemólogo, entre realismo e racionalismo".[15]

Apesar de negar um racionalismo radical, Bachelard não deixa de admitir que o ato de conhecer deve ter início na razão e não no real, o que nos leva a considerar Bachelard um racionalista. Bachelard vê na racionalidade o "valor epistemológico" essencial. Suas referências às teorias contemporâneas exaltam a racionalidade destas. A microFísica, por exemplo, é considerada o campo do racional, o que significa que essa ciência atingiu o mais alto grau de evolução.

[15] Ibid., p. 10.

Vamos analisar, então, o racionalismo bachelardiano, mostrando suas principais características e procurando relacioná-lo com a ideia de construção, ponto central do trabalho.

Como vimos, o conhecimento científico, para Bachelard, não parte da observação imediata dos fenômenos da natureza; mas, ao contrário, constrói, ele mesmo, esses fenômenos. A fim de analisarmos mais detalhadamente essa construção, precisamos falar dos projetos racionais, pois a ideia de construção implica necessariamente racionalização. Ao mesmo tempo, torna-se necessário associar a essa racionalização as condições experimentais, sem as quais não haverá construção. Através da análise da noção bachelardiana de racionalismo aplicado poderemos compreender a relação intrínseca que Bachelard estabelece entre razão e experiência e, consequentemente, entender melhor a ideia de construção na ciência.

A ciência anterior admitia que todo conhecimento científico devia ser aplicado, na medida em que só considerava verdadeiro um conhecimento que fosse experimentado. No racionalismo bachelardiano o sentido de aplicação é totalmente diferente, pois, antes mesmo de serem experimentados, os conceitos devem conter as condições de sua aplicação. Como mostra Bachelard, a ideia não é um sumário ou um símbolo da experiência; ela é um programa que contém, em si, as determinações de sua aplicação. Podemos concluir que cada noção deve ser provada em dos sentidos: o teórico e o técnico, pois nela mesma estão as determinações teóricas que a explicam e as terminações técnicas que a aplicam. Se desprezamos um dos sentidos, a noção deixa de ser científica, pois passa a ser uma noção imediata, obtida numa primeira aproximação. Bachelard dá uma série de exemplos de conceitos da ciência contemporânea em que se denotam esses dois sentidos: abstrato e concreto. O mais citado é aquele referente à noção de simultaneidade, que na teoria da relatividade tem que estar associada a uma experiência precisa, na qual estão discriminadas as condições do sistema de referência. Isso é necessário, pois, como mostra Bachelard, o conceito de simultaneidade não é absoluto, o que significa que as pessoas poderiam discordar quanto à simultaneidade de dois fatos, caso estivessem em sistemas de referências diferentes. Ao analisar a construção na Física voltaremos a discutir a noção de simultaneidade.

Bachelard vai mostrar que o racionalismo aplicado é necessariamente dialético, pois é na aplicação que a teoria descobre a necessidade de sua retificação, ao se deparar com dificuldades. Bachelard insiste em falar em um racionalismo novo, pois tira da história das ciências a lição de que não há razão imutável, razão em si, isto é, definida de uma vez por todas. A razão tem atravessado diferentes formas durante sua evolução. Daí o racionalismo ser sempre uma filosofia do recomeço.

A dialética bachelardiana do racionalismo não significa somente um jogo de contrários, mas sim o desenvolvimento e o desdobramento de conceitos básicos. Muitas noções da ciência clássica pareciam ter assegurado sua verdade absoluta e definitiva. Bachelard vai mostrar que o racionalismo contemporâneo, retomando essas noções, desdobrou-as, provando sua não-simplicidade, e, a partir disso, construiu novas teorias, cujos princípios básicos eram totalmente diferentes dos anteriores. Considerando a relatividade um dos primeiros êxitos do racionalismo dialético, Bachelard vai mostrar que, apesar de a teoria de Einstein ser uma retificação da de Newton, não nega a teoria newtoniana, que passa a ser um caso particular da teoria da relatividade. Isso ocorre devido ao racionalismo aplicado que, desdobrando a ideia de simultaneidade, a considera em todas as perspectivas possíveis, abrangendo, assim, a própria perspectiva newtoniana.

O racionalismo aplicado supõe, assim, uma razão evolutiva que, desdobrando suas noções, modifica seus princípios básicos, fazendo progredir a ciência. Por um lado, o racionalismo dialético é a garantia de progresso; por outro, exige precisão. Frequentemente consideravam-se contraditórias essas duas características. Bachelard vai conciliá-las, fazendo do racionalismo um racionalismo evolutivo e preciso. Para isso, Bachelard vai transformá-lo em um racionalismo regional. É necessário fragmentar o racionalismo em regiões para melhor associá-lo à matéria que ele informa ou aos fenômenos que ele rege. Só uma cultura científica sólida, isto é, que tenha alcançado um grau de racionalização muito grande, pode ser especializada. Essas regiões do saber científico são determinadas pela reflexão, o que significa que uma fenomenologia de primeiro contato nos dá as regiões. Quando chegamos a modelos racionais e experimentais, que podemos chamar de segunda posição, isto é, quando o racional está inserido numa rede de razões, ao mesmo tempo que contém suas condições de aplicação, forma-se, então, uma determinada região do saber. A tradição filosófica de um racionalismo voltado para a unidade não tem sentido para Bachelard, pois, ao evoluir, a racionalidade vai tornando-se regional, específica. Em *Le rationalisme appliqué,* Bachelard dá exemplos desses racionalismos regionais. Um deles é o da eletricidade, que, após uma desconcretização cada vez maior do fenômeno elétrico, constituiu-se como um conjunto de organizações teóricas que, em si mesmas, expressavam as condições técnicas de sua experimentação. Um racionalismo regional se caracteriza pela elaboração de conceitos operatórios que, em lugar de serem resumos de observações, são operadores de informação.

Essas regiões da ciência, devido a sua organização racional, adquirem certa autonomia, sendo também autopolêmicas, pois conservam um valor de crítica sobre as teorias anteriores.

Os partidários da cultura geral consideram a especialização como uma mutilação do pensamento. Bachelard revolta-se contra eles, mostrando que o regionalismo científico é consequência do alto grau de racionalidade que determinados setores da ciência atingem e que dele só decorrem vantagens. A especialização, através de explicações e experiências pormenorizadas, consegue provar a generalidade. Além disso, as culturas mais especializadas vivem melhor a dialética da razão, pois são as mais facilmente abertas a substituições, segundo Bachelard.

Ao lado da noção de racionalismo aplicado, Bachelard coloca a de materialismo técnico, que, segundo ele, constitui um estudo do material utilizado pela ciência para a organização de suas experiências.

Admitindo-se que o pensamento científico evolui por reorganizações de suas bases, e que essas reorganizações se fazem a partir de processos racionais e experiências técnicas, torna-se importante elaborar uma teoria dos instrumentos técnicos. É a isso que se propõe Bachelard, ao sugerir o nome de materialismo técnico. Em nenhum livro específico, porém, pode-se encontrar tal teoria, que é analisada ao longo de toda a sua obra, em que Bachelard vai elaborando progressivamente conceitos a respeito dos instrumentos utilizados pela ciência, ressaltando sempre o papel que estes desempenham na produção dos fenômenos científicos. A tese central do materialismo técnico é a de que os instrumentos científicos são teorias materializadas, o que significa que estão sempre apoiados em alguma teoria, sem a qual não teriam existido. Só existe o termômetro, por exemplo, porque há a teoria da dilatação dos corpos. Esses instrumentos, por sua vez, construirão fenômenos científicos. Diz Bachelard:

> (...) é preciso que o fenômeno seja escolhido, filtrado, depurado, vazado no molde dos instrumentos, produzido no plano dos instrumentos. Ora, os instrumentos não são senão teorias materializadas. Deles saem fenômenos que trazem por todos os lados a marca teórica.[16]

Desde sua tese *Essai sur la connaissance approchée, Ba*chelard insiste na necessidade de se estudar o material utilizado pela ciência, o que parece algo inédito para os filósofos, pois a filosofia das ciências jamais cogitara disso.

A produção de fenômenos científicos tem o nome de fenomenotécnica e é incompatível com uma fenomenologia imediata. A construção na ciência se faz pela estreita união entre o abstrato e o concreto, isto é, pela "concretização do abstrato", conforme uma expressão do próprio Bachelard. O racionalismo aplicado e o materialismo técnico vão tratar de explicitar essa construção. Considerando que, na produção dos conceitos, é necessário estar atento às condições de sua aplicação e que os problemas de montagem de aparelhos de-

---

[16] Ibid., p. 19.

vem se apoiar nas soluções teóricas, temos que reconhecer a estreita ligação entre racionalismo aplicado e materialismo técnico. Dominique Lecourt afirma que essas duas disciplinas não são somente coordenadas, mas também recíprocas, e que esta reciprocidade vem demonstrar que Bachelard desvaloriza a noção de método geral, admitindo que o método deve ser específico de cada ciência em cada época.

Podemos, então, concluir afirmando que o racionalismo de Bachelard é um racionalismo com características específicas que, segundo ele, está exemplificado nas ciências contemporâneas.

Afirmando que o objeto científico só aparece na interseção do conhecimento empírico e racional, Bachelard demonstra a coerência do racionalismo aplicado com a ideia de construção. Para explicar a construção do objeto científico na ciência contemporânea, Bachelard assume uma posição intermediária entre racionalismo e empirismo, e essa posição é representada pela noção de racionalismo aplicado.

O objeto construído pela ciência contemporânea é um complexo de relações e, como tal, só pode ser apreendido por um racionalismo complexo que, em lugar de buscar a redução dos fenômenos, procura complicar suas noções. Uma ciência na qual seu objeto não é dado, e sim construído, tem que procurar sua fundamentação no racionalismo aplicado, pois é aí que se dá o encontro do racional e do empírico e, portanto, é aí que se dá sua construção.

4

A Construção nas Ciências Físico-químicas

1. A construção na Física

Nosso objetivo, nesta parte do livro, não é instruir cientificamente, mas apenas ressaltar os valores filosóficos da física contemporânea, a fim de caracterizar mais minuciosamente como se dá a construção nesse campo da ciência atual. Apesar disso, teremos, muitas vezes, que fazer referência a determinados conhecimentos físicos, o que, contudo, não exige domínio total dessa ciência. A grande dificuldade consistirá, portanto, em analisar a evolução do pensamento científico, evidenciando onde ocorreram as racionalizações mais perfeitas, prescindindo, porém, de um aprofundamento maior das teorias físicas. Mesmo assim, é possível demonstrar a preponderância da racionalidade sobre a observação e da construção sobre a especulação, que é a característica fundamental da ciência contemporânea.

Através da discussão dos principais aspectos da Física de hoje, vamos mostrar como o racionalismo se organizou nas novas teorias. O racionalismo da Física atual é um racionalismo ativo, um racionalismo de segunda aproximação, pois as generalizações da ciência clássica, calçadas em observações imediatas dos fenômenos, mostraram-se ineficazes. O racionalismo científico contemporâneo coloca lado a lado as sínteses teóricas e as técnicas experimentais, polemizando o dado imediato e partindo das construções racionais para a realização destas na experiência.

Nesta análise da ciência contemporânea daremos mais ênfase à construção do objeto científico, procurando evidenciá-la nas teorias físicas de hoje. A ciência não é uma especulação sobre o real imediato, mas, pelo contrário, possui uma riqueza noumenal. Enquanto o noumeno kantiano se caracterizava pela exclusão dos valores fenomenais, o noumeno científico possui, segundo Bachelard, uma contextura própria, pois ele indica os eixos da experimentação. Usando as próprias palavras de Bachelard, temos: "Os noumenos do pensamento científico são os instrumentos do pensamento para a transformação dos fenômenos, não há vínculo algum com uma estática coisa em si".[1]

Nessa viagem pela Física, nós nos certificaremos do caráter de novidade das ciências contemporâneas, cujo racionalismo técnico é tão diferente daquele da ciência do passado, que via nos fenômenos imediatos o seu ponto de partida. Como diz Bachelard: "Todavia o sentido do vetor epistemológico parece-nos bem claro. Ele vai seguramente do racional ao real e de nenhum modo, ao contrário, da realidade ao geral, como professavam todos os filósofos desde Aristóteles até Bacon".[2]

---

[1] Bachelard, *L'activité rationaliste de la physique contemporaine*, p. 7.

[2] Id., *Le nouvel esprit scientifique*, p. 8.

A novidade do pensamento científico contemporâneo se caracteriza pela preponderância da racionalidade sobre a observação, o que contraria a perspectiva científica anterior. É preciso deixar claro, entretanto, que não se trata de um racionalismo abstrato, desvinculado dos fenômenos, mas sim de um racionalismo que se realiza através da experiência física. Diz Bachelard:

> Após ter formado, nos primeiros esforços do espírito científico, uma razão à imagem do mundo, a atividade espiritual da ciência moderna dedica-se a construir um mundo à imagem da razão. A atividade científica realiza, em toda a força do termo, conjuntos racionais.[3]

A história das ciências, em sua dinâmica, ressalta o sentido dialético do espírito científico contemporâneo, mostrando que, em muitos aspectos da Física de hoje, destaca-se uma dinamologia no lugar de uma antologia. Procura-se substituir a perspectiva ontológica por uma abordagem desrealizante, em que os aspectos dinâmicos dos fenômenos se evidenciam com mais clareza.

Seguindo a metodologia bachelardiana, que se baseia na afirmação de racionalismos regionais, faremos uma análise separada de cada setor da Física, tentando evidenciar, em cada um, a formação e a evolução dessas construções racionais.

Em primeiro lugar, vamos analisar a evolução das teorias físicas sobre a natureza da luz. Segundo Bachelard, esta evolução vai mostrar, no início, a presença de um forte obs-

[3] Ibid., p. 17.

táculo epistemológico, proveniente do realismo ingênuo, que, considerando a luz uma substância material, impediu um tratamento preciso dos fenômenos luminosos. Os físicos de então, imbuídos de uma fenomenologia, dedicavam-se ao estudo dos efeitos, vendo nos fenômenos como a cor das plantas ou o sabor dos vegetais uma produção direta da luz.

Durante o século XVIII, predominou a explicação mecânica dos fenômenos da natureza. Tudo se explicava através de forças atuantes, e o universo se reduzia a corpos em movimento. Da mesma forma, a assimilação da luz pelos corpos vai estar subordinada a leis mecânicas. Para Bachelard, essa perspectiva mecânica conduziu necessariamente a confusões substancialistas que só então serão superadas com o declínio do espírito mecanicista. Fourcroy, por exemplo, viu no fenômeno da difração uma prova da materialidade da luz, que se desvia ao passar perto dos corpos materiais.

Fazendo uma história recorrente da ciência ótica, vamos acompanhar a desrealização da luz até sermos capazes de compreender que hoje, sendo onda ou corpúsculo, a luz nada mais é do que o sujeito do verbo propagar-se com uma velocidade determinada. É esta, segundo Bachelard, a única forma de abordarmos objetivamente os fenômenos luminosos.

Iniciando com os tempos modernos, temos a tese cartesiana, que é única, pois postula uma propagação instantânea, o que vai ser negado pelos cientistas posteriores. Para Descartes, a luz se propaga através do espaço como se este fosse um sólido perfeito. Ele não se refere a qualidades específicas da luz, o que leva Bachelard a concluir que ele não a considera uma substância. Tomando como base a reflexão e a refração, Descartes faz uma geometria da luz. Bachelard não vê na doutrina cartesiana qualquer contribuição para a ciência ótica, pois, apesar de não estar presa ao substancialismo, carece de uma linguagem matemática, ficando restrita à representação geométrica.

Huyghens desenvolveu, em 1650, pela primeira vez, uma teoria ondulatória da luz, que pode assim ser sintetizada: todo ponto, afetado por uma excitação luminosa, começa a oscilar; torna-se ponto de partida duma pequena onda esférica, comunica a oscilação aos pontos adjacentes e volta à imobilidade.

Para ele a luz se propagava em ondas concêntricas como as ondulações que se propagam na superfície de um lago onde acabamos de atirar uma pedra. Com Huyghens tem início a dialética onda-corpúsculo, que vai caracterizar a história da luz. Sua teoria difere completamente da teoria ondulatória contemporânea, pois apesar de resolver o problema do fenômeno das interferências, que não tinha explicação então, não cogitou a duração da oscilação e nem conseguiu uma expressão matemática adequada como a atual.

Bachelard vê na teoria de Huyghens um certo valor epistemológico, pois esta não faz referência à qualidade de uma matéria de luz, apesar de não ter alcançado uma equação da onda. Para Bachelard, a teoria ondulatória de Huyghens representa um enfraquecimento da posição realista, pois ela substitui o realismo do raio pela noção de onda. Embora raio e onda sejam noções geométricas, o raio é visível, e a onda não; é, portanto, a partir desta noção, não apreendida pela observação, que vamos explicar o raio. Diz Bachelard: "A onda luminosa de Huyghens aparece nitidamente na perspectiva de um pensamento abstratamente concreto, de uma abstração que deve dar prova de suas características concretas associadas".[4]

Bachelard considera uma tarefa difícil condensar em poucas páginas a riqueza e a significação dialética da obra de Newton. Para Bachelard, a linguagem constitui uma das maiores dificuldades, pois suas exposições são entremeadas de polêmicas com vários de seus opositores.

Newton foi contemporâneo de Huyghens e desenvolveu a teoria corpuscular, que contrariava os princípios fundamentais da ondulatória. A teoria corpuscular de Newton foi aceita durante um século e, na época, superou a ondulatória de Huyghens, não só porque apresentava um desenvolvimento matemático, como também devido ao enorme prestígio de que Newton gozava entre os cientistas de então.

Para Newton, a teoria da luz é apenas um capítulo da mecânica. Uma fonte luminosa emite, em todas as direções, uma infinidade de projéteis microscópicos – era o que dizia fundamentalmente a teoria newtoniana.

A teoria corpuscular explicava uma série de fenômenos como, por exemplo, o da propagação retilínea (a luz se propaga em linha reta), o da reflexão (a luz batendo contra um espelho vai ter um ângulo de reflexão igual ao de incidência) ou o da refração (uma vara imersa em meio copo de água parece dobrada). Outros fenômenos, porém, não eram explicados pela teoria newtoniana, como, por exemplo, o fenômeno dos acessos (os corpúsculos ora se deixavam absorver, ora refletir), o fenômeno das interferências (dois feixes de luz atravessando dois orifícios próximos quando se unem produ-

[4] Id., *L'activité rationaliste de la physique contemporaine*, p. 51.

zem faixas obscuras em vez de uma forte luz) ou o da difração (uma forte luz, atravessando um orifício, não projeta uma mancha luminosa redonda, mas sim vários anéis claros com um círculo negro no centro da imagem).

Bachelard afirma que seria por demais simplista classificar a teoria newtoniana de corpuscular simplesmente, pois as intuições ondulatórias não são alheias a este cientista, apesar de não estarem plenamente desenvolvidas. Bachelard mostra que, ao descrever as condições físicas que encheriam um éter, possibilitando um movimento *contínuo,* Newton estaria implicitamente aceitando uma propagação continuada.

Na análise newtoniana dos "acessos", Bachelard vê a força dialética da teoria de Newton, que atribui ao corpúsculo uma dupla capacidade, podendo ora ser refletido, ora absorvido. Isto significa que o corpúsculo não possui uma qualidade fixa, como ocorre com as substâncias.

Bachelard ressalta a enorme sensibilidade dialética da doutrina newtoniana, que, embora dê preferência às teses corpusculares, abre caminho a outras explicações, já que reconhece a incapacidade da teoria corpuscular para explicar o fenômeno das interferências. Bachelard critica aqueles que interpretam a teoria newtoniana exagerando aspectos substancialistas, como acontece com Emile Meyerson, que compara os corpúsculos newtonianos a átomos qualitativos.

Segundo Bachelard, as determinações dos corpúsculos, na ótica de Newton, são exteriores; isto é, ele estuda muito mais o comportamento dos corpúsculos do que os corpúsculos em si; ele se detém muito mais nos efeitos do que na análise qualitativa dos corpúsculos.

Consideramos a crítica bachelardiana à teoria de Newton um tanto distorcida, pois, enquanto teoria, ela ultrapassa a simples análise dos efeitos para constituir uma explicação, que, a nosso ver, implica a aceitação de corpúsculos com propriedades mecânicas. Desta forma, ainda existiriam, na teoria newtoniana, vestígios de um substancialismo que Bachelard se absteve de criticar.

Do ponto de vista matemático, segundo Bachelard, pode-se falar em uma continuidade das teorias óticas, pois Newton seria continuador de Descartes e Euler seria o continuador de Newton.

Apesar de grande matemático, Euler apresenta uma crítica da teoria corpuscular newtoniana baseada no conhecimento comum e, por isso, é bastante atacado por Bachelard.

Em suas cartas, escritas a uma princesa da Alemanha, Euler afirma que se o sol lançasse corpúsculos em todos os sentidos, continuamente, sua matéria se esgotaria. Nesta afirmação Bachelard acusa a presença de um realismo e de uma fenomenologia anticientíficos e acrescenta a necessidade de uma psicologia do conhecimento objetivo.

Para Bachelard, Euler mostrou-se pouco objetivo, deixando-se dominar por imagens rápidas e tiradas do dia-a-dia. Embora tenha desenvolvido uma analogia da luz e do som, essa analogia ficou apenas no plano fenomenológico, não se fundamentando em uma sólida organização racional.

Jean Baptiste Biot volta a defender a teoria corpuscular de Newton. Para Bachelard, Biot foi o responsável pela nova era de ensino que teve início com seu *Traité de physique*, publicado em 1816. Sendo um notável professor, Biot é a representação viva do racionalismo ensinante, proposto por Bachelard. Em uma geração, o ensino mudou o nível, o sentido e a função. Bachelard dá enorme importância à organização social da ciência, vendo em Biot um precursor da "cidade física", que vai caracterizar a atividade científica contemporânea. Seu *Traité de physique* é para Bachelard um livro que instrui, pois contém todo o passado da Física, constituindo uma preparação para se receber uma nova ciência.

Biot parte do problema deixado pela teoria corpuscular newtoniana: haveria dois tipos de corpúsculo, um que se refletia e outro que se refratava? Ele soluciona o problema afirmando que todo corpúsculo está submetido a uma alternativa modal, isto é, o corpúsculo sofre modificações físicas que o fazem trocar de estado físico, podendo, portanto, ser ora refletido, ora refratado.

Para Bachelard, essa modificação que os corpúsculos sofrem, segundo a teoria de Biot, dá a eles um caráter ondulatório, pois faz os corpúsculos adquirirem uma temporalidade que não é própria das substâncias. Na teoria ondulatória clássica, esse caráter está reforçado por uma intuição ondulatória de base, o que não acontece na teoria de Biot.

Bachelard ressalta a ausência de uma expressão matemática da doutrina de Biot, o que impediu uma explicação dos fenômenos das interferências. Diz Bachelard, ao comentar a teoria de Biot: "É necessário que a Matemática governe para que a experiência encontre sua própria coerência".[5]

No início do século XIX, Fresnel dá à teoria ondulatória uma expressão matemática que lhe confere grande fecundidade heurística. Partindo da largura das franjas de interferên-

[5] Ibid., p. 44.

cias, Fresnel determinou as características quantitativas das ondas luminosas, possibilitando calcular o comprimento de onda e a frequência das mesmas.

Bachelard ressalta a grande importância da teoria de Fresnel na evolução da ciência da luz. Para ele, Fresnel instituiu sua ótica sobre uma base indestrutível. Pela primeira vez, estabeleceu-se concretamente uma união entre os conceitos racionais e as experiências técnicas dos fenômenos da luz. O estudo de Fresnel sobre o fenômeno das interferências é, do ponto de vista bachelardiano, um racionalismo aplicado, pois nele é a organização dos conceitos que ordena as experiências. Através da teoria fresneliana foi possível fazer surgir o fenômeno das franjas em seu máximo de regularidade, passando por todos os detalhes de um pensamento matematizado. O fenômeno das franjas passou a ser compreendido dentro de um sistema teórico, negando qualquer empirismo das interferências.

A ruptura entre a teoria fresneliana e o conhecimento comum do fenômeno das interferências é clara, segundo Bachelard, o que confere a essa teoria mais cientificidade.

Tomando como base a teoria de Fresnel, as experiências técnicas multiplicam-se, e o surgimento de aparatos variados faz surgir a interferometria, o que vem reforçar o ponto de vista bachelardiano sobre a teoria fresneliana.

Para Bachelard, a obra de Fresnel possui um valor cultural muito grande, pois mesmo que, posteriormente, os conceitos se modifiquem, a organização interconceitual da técnica racionalizada não se alterará.

Em 1870, Maxwell faz triunfar a teoria ondulatória reaproximando eletricidade e ótica e considerando a luz como uma onda eletromagnética. Os fenômenos óticos passaram então a ser considerados como um caso particular do imenso domínio das radiações eletromagnéticas.

A teoria ondulatória, de um modo geral, representa a desrealização dos fenômenos óticos. Enquanto a noção de corpúsculo suscita a ideia de corpos materiais sendo emitidos, a noção de onda prescinde de um objeto que se propaga, considerando-se apenas o movimento de propagação.

Em 1900, porém, Planck descobriu os fenômenos relativos à emissão da luz dos corpos incandescentes, que apresentavam características polêmicas em relação à teoria ondulatória. Tornava-se necessária uma teoria que afirmasse uma natureza descontínua da luz, como a corpuscular, e não uma natureza contínua, como a ondulatória. Às descobertas de Plank vem juntar-se a interpretação de Einstein sobre o efeito fotoelétrico, o que impõe o retorno da concepção corpuscular.

Vejamos de uma forma bem rápida e sucinta o que é o efeito fotoelétrico, para que a dialética corpúsculo-onda se tome mais clara.

Até então, não se conhecia um fenômeno corpuscular específico, isto é, um fenômeno que viesse legitimar uma concepção corpuscular e afastar definitivamente a ondulatória. O efeito fotoelétrico constitui uma experiência efetiva para a descontinuidade. Esse fenômeno consistia na liberação de elétrons de uma placa metálica, quando sobre esta placa incidia um feixe luminoso. Era curioso, pois uma débil luz violeta conseguia o efeito, enquanto que o mesmo não acontecia com uma intensa luz azul. Einstein demonstrou que não dependia da intensidade da luz, mas sim da frequência, pois era preciso que os raios luminosos golpeassem o metal num ritmo determinado. Com a interpretação de Einstein, impõe-se o retorno da teoria corpuscular, pois, se a energia estivesse distribuída numa superfície de onda, não haveria concentração suficiente para produzir o fenômeno. A existência de grãos de energia poderia, no entanto, provocá-lo.

Se o efeito fotoelétrico e as descobertas de Planck impuseram a aceitação de uma teoria corpuscular, por outro lado a teoria ondulatória continuava necessária para a explicação das experiências que a justificaram. Com este impasse chegamos à época atual, que apresenta uma síntese racional dessas duas concepções. O autor dessa teoria é De Broglie, que, através da mecânica ondulatória, conseguiu conciliar as concepções corpuscular e ondulatória.

Bachelard considera a mecânica ondulatória a realização do racionalismo aplicado e a total desconcretização dos fenômenos luminosos. Já não se trata de atribuir um valor ontológico absoluto a qualquer uma das noções, pois ambas são intuições e explicam determinados fenômenos. Conforme diz Bachelard: "Acredita-se, por exemplo, que o físico contemporâneo crê que a luz é um movimento ondulatório às segundas, terças e quartas-feiras, e que é um conjunto de partículas às quintas e sextas-feiras e sábados. No domingo o físico descansa em sua crença".[6] Na mecânica ondulatória as intuições são esclarecidas por sua significação matemática, isto é, as intuições ilustram teses matemáticas abstratas.

Louis De Broglie demonstrou que a luz não se adapta a um esquema simples, sendo simultaneamente onda e corpús-

---

[6] Ibid., p. 50.

culo. Essa interpretação significa a dessubstancialização total do fenômeno luminoso, como afirma Bachelard.

Dominique Lecourt mostra que, tomando como base as críticas bachelardianas, poderíamos dividir a história da ótica em três períodos: o primeiro seria o século XVIII, que representaria a época pré-científica, em que predominava o realismo e a luz era tida como uma substância; o segundo traria um acontecimento decisivo – a obra de Fresnel – que representou para a ciência da luz a aquisição de um valor cultural definitivo, ou seja, vinculou ao pensamento sua aplicação técnica, ao mesmo tempo que o enriquecia com uma expressão matemática; e o terceiro, representado pela síntese de De Broglie, que mostraria a desrealização total do fenômeno ótico e viria a ser a mais viva expressão do racionalismo aplicado.

Após uma análise da aquisição dos valores epistemológicos, durante a história da eletricidade, voltaremos a colocar a crítica bachelardiana, desta vez com muito mais profundidade, sobre a mecânica ondulatória. Julgamos melhor seguir tal ordem, pois a síntese de Louis de Broglie também enquadra os fenômenos elétricos e só poderíamos compreender seu valor racional quando tivéssemos estudado a evolução das teorias sobre eletricidade.

Para Bachelard, o racionalismo contemporâneo da eletricidade não está calcado na fenomenologia imediata. Trata-se de um racionalismo que se aplica e, ao mesmo tempo, organiza a experiência. Não é nem uma organização lógica pura, nem seus conceitos são decorrentes da observação dos fenômenos. O racionalismo da eletricidade une racional e real num verdadeiro acasalamento, pois só assim é possível dialetizar o pensamento e esclarecer a experiência.

Vamos, então, através de uma análise da história da eletricidade, tentar compreender como se formou esse racionalismo acima caracterizado.

Segundo Bachelard, em seus inícios a história da eletricidade é uma das menos racionais possíveis, estando praticamente à mercê das descobertas ocasionais. O século XVIII se caracterizava por uma ambiguidade, pois, ao mesmo tempo em que se acumulavam conhecimentos sobre eletricidade, prevaleciam ainda sobre estes devaneios sem fim, devido às fortes impressões causadas pelo fenômeno do âmbar friccionado.

Diz Bachelard que a questão crucial, nessa época, era saber se a eletricidade era um eflúvio de seres vivos ou um fluido de seres inanimados. Em *La formación del espíritu científico*, Bachelard relata várias experiências feitas em seres humanos, em que se denota um espírito ingênuo impregnado de sonhos e devaneios. Uma dessas experiências consistia em fazer uma mocinha subir num tamborete isolante e distribuir beijos eletrizados aos curiosos. Outra consistia em transmitir comoção elétrica a um pelotão inteiro de policiais do rei, acreditando que um só eunuco bastava para fazer cessar a comoção.

Bachelard acusa ainda a ciência elétrica do século XVIII de estar impregnada de um sensualismo da eletricidade, dedicando-se a aplicações terapêuticas as mais diversas e incoerentes. Diz Bachelard: "Não teríamos dificuldade em mostrar que a região dos fenômenos elétricos designados por seus caracteres sensuais é uma região a ser desfeita, que ela representa convicções a psicanalisar".[7]

---

[7] Ibid., p. 127.

Segundo Bachelard, é muito fácil compreender a confusão inicial da fenomenologia da eletricidade bastando, para isso, que se saiba que, enquanto se acumulavam os conhecimentos sobre esse assunto, muitos ainda acreditavam que os fenômenos elétricos deviam ser estudados por uma ciência da vida.

Entre o sensualismo da eletricidade e o racionalismo contemporâneo, ocorreu um período de materialismo obtuso, que ainda estava muito longe das construções racionais da ciência atual. O fluido elétrico passou, então, a ser considerado como "matéria", exatamente como as demais matérias químicas. Mal se saía do biologismo e se caía num quimicismo, ainda muito preso às qualidades sensíveis, afirmando-se que o ácido elétrico tinha um gosto picante e ácido, que irritava a pele ou avermelhava o papel de tornassol. Diz Bachelard: "A afirmação de materialidade não era melhor garantia que a afirmação de vitalidades".[8] Em ambos os casos, não se tinha um racionalismo aplicado que elaborasse conceitos precisos e ordenasse as experiências.

O mais interessante, ressaltado por Bachelard, é que, ao lado desse conjunto de pensamentos absurdos que reduziam a eletricidade a uma substância química, existiam pensamentos nitidamente comprovados. Isto se deve à ausência de uma doutrina fundamental que estabelecesse conceitos realmente proliferantes.

Bachelard vê, na concepção de Volta, o início de uma nova fase da história da eletricidade. Até então, os estudos de eletricidade se baseavam na noção de fluido elétrico, definido como um fluido contínuo que enchia os condutores como se fosse uma água invisível. Essa noção de fluido elétrico é

---

[8] Id., *Le rationalisme appliqué*, p. 142.

criticada por Bachelard, que a considera um "monstro epistemológico", pois nela se mesclam intuições íntimas e observações objetivas. A atração que a noção de fluido elétrico exerce sobre os cientistas é tão grande que ele passa a ser a raiz de todos os fenômenos da natureza, até mesmo dos movimentos dos astros.

As experiências de Volta são importantes, na medida em que afastaram o vitalismo que impregnava o estudo dos fenômenos elétricos. Ele substituiu a noção de fluido elétrico pela de corrente elétrica, que se definia como uma quantidade de variações contínuas no tempo. Seguia-se, então, uma filosofia do contínuo, acreditando-se que os fenômenos elétricos eram fenômenos que ocorriam no tempo e no espaço.

Na explicação pelos fluidos elétricos, via-se a influência de ideias mecânicas, que tentavam explicar tudo pelas substâncias e pelas forças simples agindo entre elas. A introdução da noção de corrente elétrica representa o declínio da explicação mecânica e é considerada como um progresso por Bachelard, porque é uma noção, de certa forma, instrumental.

A primeira razão experimental que pode legitimar uma noção de descontinuidade dos fenômenos elétricos apresentou-se, em 1833, com os trabalhos de Faraday referentes a eletrólise. Sua experiência consistiu em fazer passar uma corrente elétrica em soluções de diferentes sais (cloreto de prata, cloreto de sódio e de potássio), o que demonstra que o peso da prata, do sódio e do potássio depositados no catodo são proporcionais aos pesos atômicos dos três sais. Essa experiência leva a uma atomização da eletricidade, pois supõe que esta segue sua ação de decomposição química, como se não só as substâncias fossem compostas de átomos, mas também a corrente elétrica. Apesar da resistência de alguns cientistas, como Helmholtz, Faraday concluiu que a eletricidade positiva ou negativa está dividida em partes, que são os átomos de eletricidade. J. G. Stoney, em 1891, introduziu o nome de "elétron" para designar esse átomo de carga elétrica que estava implícito nas leis de Faraday. Stoney não atribuiu ao elétron qualquer das propriedades mecânicas da matéria: não fez referência alguma a massa ou inércia relativas ao elétron. Isso significava que os atributos realistas, habitualmente tidos como fundamentais, estavam sendo abandonados e estava se dando a desconcretização do fenômeno elétrico. Nos últimos anos do século XIX, o problema da eletricidade, implicado em concepções químicas, foi abordado por perspectivas físicas. J. J. Thompson definiu duas entidades físicas que permitiram precisar a noção de átomo de eletricidade. São essas noções os íons gasosos e o coeficiente dos íons. Mesmo assim, as experiências feitas por Millikan, em 1908, ainda denotavam um caráter coisista, pois se desenrolavam em uma perspectiva realista, procurando observar, no microscópio, o movimento de pequenas gotas de mercúrio, quando encontravam um íon de gás. O mais interessante, ressaltado por Bachelard, é que essas experiências se baseavam na existência de um elétron-objeto, que justificaria esses movimentos observados no microscópio; na verdade, porém, esse elétron-objeto transcendia a experiência efetiva, pois jamais era observado. Até mesmo a forma esférica que lhe atribuíam era devida à simples razão de que não tinha sentido dar-lhe uma forma mais complicada. Posteriormente, técnicas, medidas e cálculos se coordenaram para se chegar a um racionalismo do elétron. Partindo de fórmulas físicas, pode-se calcular o raio do elétron, o que foi feito, tendo uma base simplesmente teórica, pois não se faziam medidas, mas apenas cálculos. A noção de elétron é inventada para explicar fenômenos naturais diversos. Assim se diz que os elétrons se manifestam: na descarga elétrica, pela ação da luz sobre os metais; na superfície dos fios metálicos aquecidos, pela ação dos raios X, e nas radiações dos corpos radioativos. O elétron é o fator comum oculto, responsável por tais fenômenos. O universo eletrônico é, portanto, um universo instrumentado e racional. Com Rutherford, surgiu a noção de corpúsculo positivo – o próton –, cuja existência também é justificada pelas experiências de fenômenos, e não pela observação direta da partícula.

Conforme demonstra Bachelard em várias de suas obras, a evolução dos conhecimentos sobre eletricidade pôs em evidência uma verdadeira desconcretização. O fenômeno elétrico foi abandonando, aos poucos, as especificações materiais, que, no início, eram sua condição essencial, até chegar às noções puramente instrumentais e racionais, que jamais lhe teriam sido dadas pela fenomenologia imediata.

As histórias dos conhecimentos óticos e dos elétricos desembocam numa das mais importantes sínteses contemporâneas: a mecânica ondulatória. Desde 1905, como já vimos anteriormente, dois princípios fundamentais – o fóton e a onda – revelaram-se indispensáveis para explicar os fenômenos óticos, levando-nos à conclusão de que havia fenômenos nos quais a luz revelava seu caráter ondulatório e outros nos quais revelava seu caráter corpuscular. A ciência elétrica não estava então dualizada, e tinham-se acumulado experiências que levavam a afirmar o caráter corpuscular do fenômeno elétrico. Louis de Broglie tentou, então, estabelecer um equilíbrio entre as doutrinas da luz e as da eletricidade, elaborando, para tal, a mecânica ondulatória, na qual os fenômenos óticos e os elétricos apresentavam uma dualidade. Desde o início, foi uma síntese puramente racional, que unia o caráter corpuscular do fóton e do elétron a seu caráter ondulatório, mesmo levando em conta que até essa época nenhum fenômeno provara o caráter ondulatório do elétron. Diz Bachelard: "Como o empirismo nada oferecia, o racionalismo devia fazer tudo. O problema devia ser abordado por via de construções racionais, organizando um sistema de conceitos [...] que formava, desde o início, um terreno de racionalidade".[9] A mecânica ondulatória faz a conciliação entre ciência do corpúsculo e ciência da onda, através da Matemática.

Para se compreender a mecânica ondulatória, deve-se abstrair o móvel e pensar o movimento puro. Em lugar de móvel, tem-se um meio dinamizado. Através de uma síntese como essa todo realismo desaparece, dando lugar a um racionalismo que se caracteriza por sua organização interconceitual.

Suponhamos que um grupo de elétrons, movimentando-se uniformemente, se comportasse como uma onda. Vamos chegar, assim, à noção de onda de probabilidade, que representa a desrealização total, como vai mostrar Bachelard. É impossível saber a posição e a velocidade de cada elétron, mas é possível saber qual a probabilidade de encontrar um elétron em um determinado ponto, pois as ondas de probabilidade, em um contínuo tridimensional, carac-

[9] Id., *L'activité rationaliste de la physique contemporaine*, p. 267.

terizando o comportamento estatístico do sistema, assim o permitirão. Para Bachelard, portanto, as ondas de probabilidade da mecânica ondulatória não correspondem a uma realidade física. A sua única significação é permitir-nos responder a questões estatísticas apreciáveis. Se a noção de onda implica uma expressão estatística, podemos dizer que o caráter ondulatório de um fenômeno não pode ser evocado como pertencendo a um ser; ele pertence a uma multiplicidade. Não há ondulação sem multiplicidade. As propriedades desse conjunto, porém, não são as da soma de partículas, pois se as diminuímos elas desaparecem. Bachelard cita em um de seus livros que Schrodinger – o descobridor da equação que expressa as ondas de matéria, afirmou quando recebia o prêmio Nobel: "Até agora, não conseguimos concebê-las, ambas, numa imagem unitária. Só em casos extremos prepondera uma ou outra relação, de tal modo que julgamos suficiente ou a imagem da onda ou a da partícula".[10]

Na análise bachelardiana da noção de corpúsculo fica evidente a ideia de construção do objeto físico, pois as características que Bachelard lhe atribui revelam que o corpúsculo não pode ser considerado um dado da natureza. Apesar de tratar das teorias atômicas contemporâneas em *Les intuitions atomistiques*, Bachelard não faz referência às implicações que sofreu a noção de corpúsculo, já que, nessa época (1932), nem todos eles haviam sido descobertos. Em *L'activité rationaliste de la physique contemporaine*, porém, ele vai dedicar

[10] Ibid., p. 130.

todo um capítulo à discussão da noção de corpúsculo para a Física atual, mostrando que essa ideia foi perdendo o seu sentido realista até se reduzir a um puro conceito racional.

Impregnados de realismo, consideravam o corpúsculo como um corpo pequeno, último elemento de matéria. Bachelard apresenta seis características que demonstram a desrealização que essa noção sofreu e anulam este sentido tradicional de corpúsculo. Em primeiro lugar, o *corpúsculo não é um corpo pequeno; não* é um fragmento de substância. Suas qualidades são variáveis e, como o corpúsculo é definido em uma organização racional da experiência, não tem sentido atribuir-se um estatuto ontológico ao corpúsculo. Em segundo lugar, o *corpúsculo não tem dimensões absolutas assinaláveis,* podendo apenas se assinalar uma ordem de tamanho, que é muito mais uma zona de influência do que de existência. O corpúsculo só existe no espaço em que atua. As dimensões-limite de um corpúsculo são definidas dinamicarnente. Em terceiro lugar, *o corpúsculo não tem forma,* ou melhor, não tem geometria, pois a geometria expressa ordens de composição, e o corpúsculo, sendo o elemento isolado, não possui essa ordem. Sendo simples, não tem estrutura. Em quarto lugar, *não se pode atribuir um lugar preciso ao corpúsculo,* pois, como vimos pelo princípio de indeterminação de Heisenberg, a localização não tem valor absoluto na microfísica. Há, inclusive, experiências em que um corpúsculo surge de um espaço onde não estava antes, isto é, devido a certas técnicas, ele sai dos nêutrons do núcleo. Só os objetos do conhecimento comum podem existir tranquilos e inertes. Em quinto lugar, *o corpúsculo não tem individualidade,* pois os instrumentos técnicos não nos permitem discernir se, numa segunda experiência, estamos captando o mesmo corpúsculo da experiência anterior. E, por último, *o corpúsculo pode aniquilar-se,* o que contraria o coisismo. Usando-se determinadas técnicas, é possível criar ou destruir um corpúsculo, o que faz a dialética ser-devenir ser encarada diferentemente pela ciência contemporânea.

Reduzindo a noção de corpúsculo à sua novidade essencial, Bachelard mostrou a necessidade de substituir o empirismo imediato pelo empirismo de laboratório.

Gostaríamos, para finalizar esta parte sobre a construção do objeto científico na Física, de analisar a teoria da relatividade, a fim de destacar o caráter de "novidade" dessa doutrina, que surgiu do questionamento de certas ideias até então evidentes. Na concepção relativista, o racionalismo aplicado se realiza de forma completa, e sua expressão matemática se mostra um verdadeiro método de invenção. Exige-se, porém, um esforço para a compreensão da "novidade" da relatividade, que, segundo Bachelard, não surgiu da doutrina newtoniana por um processo de acumulação de conhecimentos; surgiu, ao contrário, da complicação dos conceitos newtonianos que, na teoria clássica, eram conceitos simples. Bachelard mostra que não há transição entre o sistema de Newton e a relatividade. Para ele, trata-se de uma indução transcendente, e não de uma indução amplificante, isto é, não se chega à relatividade a partir das ideias newtonianas, pois a doutrina de Einstein contém em si a de Newton, que é um caso particular da sua.

A teoria da relatividade nasceu da complicação de ideias simples, que se tornaram, assim, conceitos "proliferantes". A primeira ideia que vamos analisar aqui é a de simultaneidade.

Na Física clássica, essa ideia era simples e aceita como evidente. Tempo e simultaneidade tinham um significado absoluto, isto é, podiam ser conhecidos por todos os observadores, independentemente dos sistemas a que pertencessem. Partindo das questões: "Como você prova a simultaneidade?", "Como você a conhece?", "Como você se propõe fazê-la conhecida por alguém que não pertença a seu sistema de referência?" o relativista demonstra que a ideia de simultaneidade não é tão simples e evidente como se acreditava.

Imaginemos a seguinte experiência: um avião voando entre duas cidades, A e B. O piloto ocupa o centro do avião. São oito horas; alguém, na cidade A, acende uma lâmpada e, simultaneamente, por meio de um mecanismo técnico qualquer, acende uma lâmpada na popa do avião. Uma outra pessoa, na cidade B, também acende, ao mesmo tempo, uma lâmpada que, por mecanismos idênticos, faz acender uma luz na proa do avião. O piloto não dirá que as duas luzes do avião são simultâneas, pois, estando ele em movimento, caminhando para a cidade B, o piloto verá a luz da proa antes da luz da popa.

Segundo a teoria da relatividade, dois acontecimentos que ocorressem simultaneamente em um sistema poderiam não ser simultâneos em outro. O que a doutrina de Einstein pretende dizer é que a simultaneidade não é um conceito simples, nem absoluto, e que só tem sentido quando relatamos a experiência que provou a simultaneidade dos dois acontecimentos.

No que foi exposto acima, pode-se ver claramente a noção bachelardiana de racionalismo aplicado, cujos conceitos só têm sentido se neles incorporamos a experiência que os define. Conforme diz Bachelard: "A relativista nos obriga a incorporar nossa experiência em nossa conceitualização. Ele nos lembra que nossa conceitualização é uma experiência.

O mundo é então menos nossa representação do que nossa verificação".[11]

Uma outra noção, trabalhada pela relatividade, é a de massa. Na Física newtoniana, a noção de massa provinha de uma intuição da quantidade de matéria. Essa noção parecia corresponder a uma natureza simples, e chegávamos a ela através de observações do mundo exterior. A doutrina relativista "complica" essa noção, mostrando que sua simplicidade provém de um defeito de análise. De acordo com a mecânica clássica, um objeto conserva o seu comprimento estando em repouso ou em movimento. Segundo a teoria da relatividade, um objeto em movimento se contrai na direção do movimento, tomando-se mais curto quanto maior for sua velocidade (transformação de Lorentz). Se sua velocidade atingir a da luz, o objeto desaparecerá; daí, a velocidade da luz constituir a velocidade-limite, na teoria da relatividade. Bachelard ressalta a complicação que a noção de massa adquiriu na doutrina relativista, mostrando que seu caráter imediato e evidente desapareceu na nova Ciência Física.

Em lugar de se acreditar, como outrora, que os conceitos se complicavam na sua aplicação, Bachelard vai mostrar que o esforço de precisão não se faz mais no momento de aplicar os conceitos, mas sim nos princípios e nas definições destes. Os conceitos da ciência contemporânea não são frutos da observação imediata; são construídos racionalmente e devem trazer em si sua composição experimental.

---

[11] Id., *Le nouvel esprit sacientifique,* p. 43.

Como tentamos demonstrar, a evolução da Física se caracterizou como uma busca constante da racionalidade e o abandono sucessivo da observação comum e imediata. O pensamento físico contemporâneo revelou a solidariedade da razão e da técnica pela qual o homem ordena a natureza, ordenando também suas ideias. A ciência de hoje não é mais uma representação de um mundo exterior que captamos; ela tem evidenciado que seus conhecimentos nascem no âmbito da razão, constituindo um racionalismo ativo, um racionalismo que organiza a experiência, um racionalismo que se aplica.

2. *A construção na Química*

Na introdução do seu livro *Le matérialisme rationnel*, Bachelard diz: "A Natureza, querendo fazer, verdadeiramente, Química, criou finalmente o químico".[12] Essa frase um tanto estranha só pode ser realmente compreendida após um profundo estudo dessa obra bachelardiana que, sendo a última da espistemologia, apresenta suas ideias fundamentais já plenamente desenvolvidas.

Nesse livro, Bachelard faz uma análise da Química contemporânea, mostrando-a como uma ciência que constrói seu objeto, em lugar de acumular e descrever dados empíricos. A Química de hoje é uma ciência construtiva, que trabalha sobre bases racionais, multiplicando as possibilidades de criação e atuação na natureza, através da técnica. A sua produção de ideias e experiências ultrapassa a memória, a imaginação e o poder de compreensão do homem.

---

[12] Id., *Le matérialisme rationnel*, p. 33.

Em *Le pluralisme cohérent de la chimie moderne*, publicado dez anos antes, essas teses não se achavam ainda completamente desenvolvidas, sendo o objetivo do livro demonstrar que a Química era pluralista, devido à multiplicidade de elementos, e que esse pluralismo podia ser reduzido pelo seu aspecto de coerência. Uma revolução na Química, entretanto, já era anunciada nessa obra, embora só tenha sido tratada em detalhes mais tarde, em *Le matérialisme rationnel*.

A Química foi durante muito tempo a ciência substancialista, cujos métodos se baseavam no acúmulo de dados sobre a natureza. Para Bachelard, essa fase foi superada, e hoje podemos falar num novo espírito materialista e numa nova concepção de matéria. O progresso da Química contemporânea é condicionado por valores de racionalidade que, por sua vez, possibilitam determinar os valores de materialidade. É a razão que estabelece os critérios de análise e organiza as experiências.

A matéria sempre esteve muito ligada a valorizações imediatas, e seu estudo se baseava em imagens inconscientes, o que tornava muito difícil introduzir tais conhecimentos numa perspectiva científica. A Química contemporânea conseguiu a ruptura com esse passado de conhecimentos puramente subjetivos e, abandonando a fenomenologia imediata, assumiu uma fenomenologia de segunda posição, na qual a atividade humana, além de criar substâncias novas, dá ordem à natureza.

Como demonstra Bachelard, o materialismo que caracteriza a Química contemporânea não é uma filosofia simples e ingênua, é um materialismo instruído, experimental, racional e ativo, que substitui a especulação pela construção, conferindo ao homem meios de poder. Aderindo ao materialismo racional, torna-se necessário afastar as imagens primeiras, romper com o conhecimento comum e impedir que o espírito se introverta, pois o materialismo deve ser fundado nas relações objetivas entre as matérias, e não na relação com o sujeito.

Analisando todas as considerações feitas por Bachelard, no decorrer de *El materialismo racional* sobre a Química contemporânea, conseguimos sintetizá-las em cinco principais características.

Em primeiro lugar, a Química atual, como todo conhecimento científico objetivo, não pode ser a continuação do conhecimentos comum. O realismo imediato, calcado nas primeiras impressões, deve ser substituído por um racionalismo trabalhado e produtivo.

A segunda característica da ciência química de hoje é seu "polifilosofismo", pois, sendo tão vastos seus conhecimentos, caracteriza-se por uma multiplicidade de atitudes filosóficas, embora não absolutize nenhuma delas. O materialismo instruído não admite posições extremas ou dogmáticas como realismo, idealismo ou materialismo filosófico. Nele essas filosofias estão associadas, permitindo a união do real e racional, o que enriquece a proliferação de conhecimentos.

Um outro aspecto predominante na Química contemporânea é seu materialismo sintetizante. Enquanto a Filosofia considera análise e síntese como métodos opostos e complementares, Bachelard vê na superação de sua fase analítica um progresso da Química. No materialismo instruído, o proceso de síntese é dominante; ele conduz à invenção e à criação racional. As sínteses empreendidas pela Química contemporânea são formuladas sobre bases teóricas, e não no nível do dado imediato, e por isso constituem um meio de desafio à realização material dessas sínteses.

A Química contemporânea não é especulativa. É caracterizada por Bachelard como uma ciência de poder ou como uma "ciência do futuro", precisamente devido a sua capacidade de conferir poderes sobre a matéria e de produzir novos descobrimentos. Abandonando seu passado, pois reconhece que no início foi mal fundada, a Química de hoje possui uma racionalidade que assegura a transmissão do saber objetivo, ao mesmo tempo que cria substâncias novas e ordena a natureza.

Por último, cabe ressaltar o valor social da Química atual, que nasce em uma célula da "cidade científica", onde, juntos, os cientistas conseguem atingir todas as dialéticas possíveis. Como diz Bachelard: "A cidade cultural do materialismo não cede a nenhuma outra em potencialidades".[13]

Antes de uma análise mais pormenorizada, quando mostraremos, através de exemplos e discussões de dados mais específicos, todas essas características da Química contemporânea, podem parecer um tanto confusos esses aspectos, que se elucidarão, com toda certeza, no final desta parte do livro. Reservaremos também algumas linhas para a discussão do significado bachelardiano de materialismo, que só poderá ser melhor evidenciado após a discussão da construção do objetivo científico na Química contemporânea.

Durante muito tempo os aspectos imediatos da matéria foram mais valorizados, por se acreditar que eles eram os mais essenciais. Surgiu, assim, a Química dos quatro elementos (terra, água, fogo, ar), que foram considerados básicos, pois podiam ser perfeitamente diferençados nas suas primeiras manifestações.

---

[13] Ibid., p. 3.

Bachelard distingue, na abordagem da matéria, três posições diferentes. Há uma fenomenologia do objeto, ligada aos aspectos imediatos, que afirma a existência de objetos individualizados; há uma fenomenologia da matéria, que significa um ultrapassar dos fenômenos imediatos, abstraindo-os e chegando à matéria que os constitui, e há a fenomenologia cosmológica, que se caracteriza pelo interesse em descobrir o princípio do universo. A Química dos quatro elementos abrangia essas três fenomenologias, pois estes eram ao mesmo tempo objetos, matéria constitutiva das coisas e princípios do cosmos. Em um estudo do fogo, por exemplo, misturavam-se os aspectos objetivantes, materiais e cosmológicos, o que impedia chegar-se a conclusões precisas sobre o elemento. Foi necessário o desprendimento de duas dessas atitudes, ficando-se apenas com a fenomenologia materialista, que, embora estivesse ainda muito ligada aos aspectos imediatos, era a que poderia evoluir para um conhecimento realmente objetivo. Isso se fez lentamente, pois apesar das rupturas a evolução do pensamento científico não consegue ser brusca. O estudo do fenômeno da combustão mostra essa passagem de uma atitude cosmológica para uma fenomenologia material, pois, inicialmente, viam-se os fenômenos do fogo como manifestações de um princípio ígneo, o que foi superado no momento em que se tentou caracterizar a combustão por seus efeitos químicos, isto é, quando se passou a estudar as matérias transformadas, ressaltando, portanto, o aspecto material do fenômeno da combustão.

A pré-Química dos quatro elementos denota um falso racionalismo que impõe o número quatro a vários aspectos do universo e tem suas origens nas tendências inconscientes, que relacionam a organização quaternária do cosmos com aspectos sagrados.

Num segundo momento ocorreu o que Bachelard chamou de dessimetrização. Para ele, o estudo da matéria adquiriu, então, um aspecto mais positivo. A terra passou a ser o elemento fundamental, enquanto os outros três passaram a ser agentes ativos, responsáveis pelas transformações do elemento terra. Essa dessimetrização é considerada por Bachelard como uma evolução, pois foram colocados em jogo princípios dinâmicos para explicar a diversidade da experiência, embora esses princípios estivessem ainda mal definidos.

Bachelard critica aqueles que consideram a alquimia como uma preparação para os conhecimentos químicos contemporâneos, mostrando não haver uma continuidade entre eles. É necessária uma inversão de valores epistemológicos, ou seja, uma mudança de perspectiva, para se chegar à Química atual. A alquimia se fundamentava em imagens inconscientes, provocando uma interiorização do espírito que, em lugar de captar dados objetivos sobre a matéria, projetava nela suas paixões. O alquimista postulava conhecimentos subjetivos que não podiam ser submetidos a uma verificação e, caso o fossem, essa experimentação, era muito mais uma comprovação interna do que externa. Ela significava a certeza da pureza moral do experimentador, e não a aceitação de conhecimentos positivos. Diz Bachelard: "A alquimia é uma cultura íntima. É na intimidade do sujeito, na experiência psicologicamente concreta, que ela encontra a primeira lição mágica".[14]

---

[14] Id., *La formation de l'esprit scientifique*, p. 63.

A perspectiva da Química atual mostra que houve uma ruptura. Os arquétipos inconscientes foram abandonados, e o racionalismo da matéria foi instaurado, fazendo proliferar as experiências. Por outro lado a aritmetização dos conhecimentos químicos veio a completar a dessubstancialização dessa ciência. Podemos então concordar com Bachelard quando ele diz: "A Alquimia não prepara a Química, e sim a retarda".[15]

A fim de demonstrar a ruptura da Química contemporânea com a fenomenologia imediata, Bachelard descreve o que seria o racionalismo da cor, no qual essa qualidade perde seus fundamentos sensíveis e adquire determinações racionais. A noção de qualidade, sempre tão ligada à de matéria, parece ter sua origem no conhecimento comum, na observação ingênua como se pode ver pelos exemplos citados por Bachelard. A cereja vermelha que a empregada procura, por julgar mais doce, a maçã vermelha que o pintor coloca na árvore para contrastar com o verde desta etc. Segundo Bachelard tais intuições subjetivas ou estéticas nunca podem ser tema de discussões científicas objetivas, devendo ser analisadas nos mesmos campos onde se desenvolve. Se pretendemos alcançar um saber positivo, preciso e objetivo sobre a cor, temos que abandonar tais intuições e seguir os esforços de um conhecimento discursivo e experimental. Tomando o ouro, cuja cor parece não ser discutível, já que todos afirmam ser o ouro amarelo, Bachelard vai mostrar que nos cursos de Química tal certeza desaparece, pois sob a forma de folha delgada o ouro fica esverdeado. Com grande surpresa, os alunos veem sua cor variar do amarelo ao verde,

[15] Id., *El materialismo racional*, p. 57.

ao azul e até ao rosa. Isso nos leva a concluir que o fenômeno da cor está ligado à espessura da matéria e que, utilizando uma técnica de redução e um estudo das medidas, podemos produzir uma qualidade substancial. A ciência contemporânea criou possibilidades qualitativas novas, quando desvinculou a qualidade das profundezas da substância. Em lugar da observação de um fenômeno, passou à sua produção. A Física das lâminas de ouro é uma fenomenotécnica. Diz Bachelard: "Ela substitui o real pelo realizado[...] O dado é substituído pelo trabalhado".[16]

Como é a espessura que determina a cor, isso nos leva a uma geometrização desta, fazendo um paralelo entre a cor e os dados geométricos. Então, é possível calcular a espessura da lâmina a partir de uma determinação ótica da cor, isto é, através do cálculo do comprimento de ondas de cor.

Abordando o fenômeno da cor sob os aspectos químicos, vamos procurar relacionar a cor com a estrutura das moléculas. Para a Química, a cor de uma molécula não pertence aos átomos isolados, sendo decorrente da estrutura molecular. Assim, a Química contemporânea pode construir o fenômeno da cor. Daí existir, hoje, uma indústria de corantes que domina as possibilidades de coloração, cujo número de leis é tão imenso que surpreenderia qualquer um. A Química contemporânea abandona a especulação da natureza para se transformar numa técnica criadora. Alimentando esta técnica há toda uma organização racional que representa a união abstrato-concreta, fundamento do racionalismo aplicado bachelardiano.

---

[16]Ibid., p. 197.

O racionalismo de Bachelard é uma posição entre o realismo e o idealismo, pois nem afirma a existência da qualidade na substância, nem a reduz a uma ilusão do sujeito. A cor, para o racionalismo aplicado, é construída pelo cientista, que deixa de ser ele mesmo para se constituir numa atividade de experiências ordenadas e baseadas em princípios de classificação, dos quais ele é o responsável. Diz Bachelard: "A cor faz a prova de seu ser, pelo fato mesmo da organização racional de sua produção. Não é um simples estado do sujeito que percebe, pois o sujeito racionalista é quem determina sua criação".[17]

Na Química contemporânea a cor deixa de ser um atributo da substância para ser uma reação que ocorre em determinadas condições.

O pensamento contemporâneo inaugura uma nova perspectiva de abordagem da matéria. Até então a matéria era tida como algo inerte, limitado e estável, pois a ciência, continuando o conhecimento comum, partia de pressupostos fundamentados na observação imediata. Bachelard procura em suas obras ressaltar a ruptura entre ciência e conhecimento comum, que vai ser uma das características da nossa época. Na Química, essa ruptura implica um abandono das ideias realistas que dominavam o estudo da matéria até o século XX e que impediram o desenvolvimento de conhecimentos objetivos e a proliferação de novas técnicas.

Entrando no domínio da Química contemporânea, onde prevalece o novo espírito científico, vamos verificar

---

[17] Id., *Le matérialisme rationnel*, p. 202.

que não se trabalha aí com intuições comuns, provenientes do conhecimento imediato, e que a noção de matéria, fundamental nesta ciência, sofreu uma dessubstancialização. A Química de hoje abandonou o realismo, passando ao plano da Matemática probabilitária. Para que se possa compreender como a Química deixou de ser realista, modificando o sentido do conceito de substância, Bachelard explica a organização energética da matéria.

Nos primórdios da Química a substância era conhecida pela apreensão imediata de suas qualidades, sendo tida como receptáculo destas. Posteriormente, com a descoberta do átomo, passou-se a dizer que a matéria tinha energia, o que significa que ela era algo inerte e limitado que recebia de fora determinações energéticas. Com a Química contemporânea surgiu a identidade entre matéria e energia, que passaram a se constituir numa só coisa. Enquanto a matéria é para o conhecimento comum algo localizado e limitado, a energia representa o próprio dinamismo, não possuindo figura nem limite. Foi assim, segundo Bachelard, que a Química atual desrealizou a noção de matéria, reduzindo-a à energia e retirando-lhe todas as atribuições realistas de outrora. O conceito de energia é o mais adequado para uma ciência que se preocupa em explicar não só os fenômenos materiais como também a sua dinâmica. Bachelard ressalta, porém, que a noção da energia em Química não é tomada no sentido realista, mas sim como uma noção de base que serve para explicar todas as manifestações da matéria.

Explicitando a estrutura molecular, Bachelard vai mostrar que a noção da molécula também não possuía conotação realista, pois a molécula, para a Química contemporânea, é um campo de forças onde a energia se estrutura. A molécula só subsiste, pois, "trocando" energia, sem o que não existiria.

Penetrando na estrutura molecular temos os átomos, estudados na macrofísica, e, constituindo estes, temos os elétrons, que por seu ínfimo tamanho pertencem ao domínio da microfísica. Podemos então, conforme demonstra Bachelard, dizer que a molécula tem uma estrutura, pois é possível localizar nela os átomos. Em relação aos elétrons, porém, isso não é válido, porque sendo afetados pelo princípio de indeterminação de Heisenberg, não podem ser localizados com precisão, sendo apenas possível computar as probabilidades de suas presenças. Pelos conhecimentos estruturais ficamos sabendo como os átomos estão unidos na molécula, mas só o estudo dos elétrons poderá dizer-nos o porquê dessa estrutura. São, portanto, os elétrons que nos explicam as condições dinâmicas da estrutura, sendo isso possível apenas através de mapas, que nos mostram a probabilidade de suas localizações. Por isso mostra Bachelard que, antes das concepções energéticas da matéria, as representações das uniões químicas só podiam ser representações estáticas, que não explicavam o verdadeiro dinamismo interior da matéria.

A Química quântica vai se fundamentar sobre a quantificação de energia. Bachelard mostra como se deu a passagem, na Química contemporânea, para o plano de uma matemática probabilitária. De início era a "presença real" dos elétrons no átomo que explicava os fenômenos que ocorriam com a matéria. Posteriormente, o que fornecia a explicação não era mais a existência real dos elétrons, mas seu "lugar", o que significava uma substituição do realismo da partícula pelo da estrutura. Hoje, com o princípio de exclusão de Pauli, a Química atingiu sua matematização. Esse princípio afirma que em lugar de se atribuirem ao elétron propriedades, atribuem-se números quânticos, e deduz-se a sua localização no átomo a partir da atribuição desses números. Diz Bachelard: "Aqui o número torna-se um atributo, um predicado da substância".[18] No átomo, cada elétron possui quatro números quânticos, o que faz com que o elétron adquira sua indivisibilidade e tenha seu papel bem fixado no átomo, devido a esses números, bastando que um deles seja diferente para que um elétron se diferencie de outro. Daí o princípio denominar-se "de exclusão", pois o que exclui a possibilidade de um elétron possuir quatro números quânticos é o fato de um outro já os possuir. Bachelard ressalta que entre os elementos de um sistema há, portanto, uma diversidade matemática essencial entre seus componentes, deixando de ter sentido o realismo do elemento ou da estrutura.

Bachelard vai mostrar que essa dessubstancialização da Química atual vai ainda mais longe, ao se tentar findar o princípio de exclusão de Pauli a partir dos cálculos das probabilidades. Os números quânticos que servem para quantificar a energia vão adquirir um aspecto probabilitário, isto é, as trocas energéticas vão ser relações de probabilidade. A substância química passa a ser, segundo Bachelard, uma chance de reação. Por exemplo, sabe-se que o cloro reagirá sobre o hidrogênio, mas não interessa definir em detalhes o estado energético nos diferentes instantes da reação, e sim apenas conhecer as probabilidades da reação. Bachelard compara:

[18] Id., *Le nouvel esprit scientifique,* p. 79.

"Não é preciso descrever a distribuição exata das cartas no decorrer de um longo sarau de bridge".[19]

Temos abusado até aqui do termo estrutura, por isso nos parece imprescindível precisar o sentido que Bachelard atribui a essa noção. Fundamentalmente o sentido bachelardiano de estrutura é o mesmo da linguagem comum, ou seja, significa a disposição e a ordem dos elementos constitutivos de um todo. O que ocorre porém na Química, segundo Bachelard, é uma mudança do sentido realista de estrutura, que supunha que a organização dos elementos de uma determinada substância era real e fixa, enquanto permanecesse sendo ela mesma. A Química de hoje passou a aceitar uma diversidade de estados estruturais numa mesma substância.

Ao substituir-se a ideia de matéria pela de estrutura estava-se desrealizando a ciência química, mesmo quando se tomava a noção de estrutura no sentido realista, que desprezava o fundamental, ou seja, o seu aspecto dinâmico. Conforme diz Bachelard: "A estrutura, pensada de maneira realista, está muito longe de poder bastar para a explicação dos fenômenos, e só poderia ser mais um elemento, entre outros, de dita explicação".[20] Para que essa desrealização fosse completa, era necessário retificar-se o sentido da noção de estrutura, pois só assim o dinamismo da matéria seria respeitado. Bachelard afirma, então, que a Química atual não aceita a "univocidade" da estrutura, afirmando que a substância possui vários estados estruturais ao mesmo tempo. A fim de explicar os

---

[19] Ibid., p. 81.

[20] Id., *Le matérialisme rationnel*, p. 115.

fenômenos que ocorrem com certas substâncias, a ciência química propõe estruturas múltiplas ou variedade de estados estruturais que definiriam uma mesma substância. A noção de multiestrutura exige uma revisão no sentido anterior da estrutura. Bachelard chama atenção sobre o erro de interpretar realisticamente a forma do tetraedro de carbono, como fez Meyerson, ao dizer que o carbono era um pequeno sólido que tinha essa forma. A forma de tetraedro não existe na natureza e nem é captável pelos sentidos; sua finalidade é representar as possibilidades de síntese, isto é, mostrar que os átomos e outros elementos podem se associar ao carbono em quatro direções. Bachelard chama atenção sobre a noção de multiestrutura em relação ao carbono, mostrando que o tetraedro não é a única maneira de representar este elemento que, em certas condições, apresenta a estrutura bivalente. Conforme diz Bachelard: "indicadas as condições, as duas valências são válidas, as duas formas contribuem para uma exemplificação profunda dos fenômenos".[21]

Tendo sido retificada a ideia de estrutura molecular, que perdeu o seu sentido absoluto e definitivo para adquirir um dinamismo profundo, tornou-se impossível representar simbolicamente esse dinamismo. As representações simbólicas simples da união de substâncias químicas se tornaram ineficazes para representar uniões duplas ou triplas que, segundo a Química atual, caracterizam uma substância. Essas representações simples implicavam uma posição realista, que considerava a molécula como urna união estável de átomos

[21] Ibid., p. 148.

encadeados entre si de maneira fixa. As uniões duplas ou triplas não podiam, portanto, ser representadas por esse simbolismo, que desprezava a possibilidade constante de mudança estrutural. Além disso, tornava-se necessário um "simbolismo aplicado" que daria à coerência lógica uma eficiência experimental.

Bachelard fala sobre a mesomeria, mostrando que seu objetivo é explicitar e representar essas uniões duplas ou triplas, procurando respeitar a instabilidade e o dinamismo que as caracterizam.

O conceito de mesomeria é um tanto confuso. Ele foi motivo de discussão em um congresso de cientistas realizado em Paris, em 1947. Nesse congresso, alguns químicos interpretaram a mesomeria como um fenômeno, enquanto outros afirmaram tratar-se de uma doutrina ou de um método que explicitava o dinamismo estrutural.

Conforme pudemos concluir pelos textos bachelardianos, a mesomeria é considerada, por Bachelard, como uma doutrina que explicita a pluralidade estrutural de uma substância. Na Química, as diversas estruturas de uma única substância podem ser representadas por várias fórmulas. As várias estruturas de uma substância são iguais quanto à localização de seus átomos, sendo diferentes quanto à distribuição de elétrons. A mesomeria dirá que essa substância não pode existir sob nenhuma das construções representadas por essas fórmulas, e sim sob uma forma única, que represente a distribuição eletrônica intermediária entre as demais fórmulas. Dessa maneira, a mesomeria consegue representar todas as possibilidades de existência da substância.

A construção do objeto químico se faz evidente a partir da desrealização da noção de estrutura, que deixou de ser algo fixo e estável para se transformar numa diversidade de possibilidades racionais de existência.

Um outro aspecto, que destaca a noção de construção na Química atual, é relativo à noção de homogeneidade, analisada a seguir.

Desde os primeiros anos da ciência, desejou-se conhecer os elementos fundamentais do universo, e a teoria dos quatro elementos foi a primeira resposta a esse problema. A realidade oferece mesclas grosseiras e diversidades materiais confusas. O primeiro passo na busca desses elementos fundamentais é romper com o mito de uma diversidade em si e buscar alcançar a homogeneidade. A história da Química nos mostra que as exigências de homogeneização variam conforme os diferentes estágios de progresso da ciência e da técnica. Isto significa que cada época tem uma doutrina de pureza. Na Química dos quatro elementos, a pureza estava dada na natureza, bastando que nós a captássemos pela observação imediata das qualidades. No século XVIII, reconhecia-se que as substâncias achadas na natureza não eram as mais simples. A Química utilizava o método da análise para encontrá-las.

Era através da decomposição que se chegava à substância pura. Enquanto na época dos quatro elementos a pureza era inicial, no século XVIII ela passou a ser terminal. Conforme diz Bachelard: "A simplicidade aparecerá como um limite a todo esforço de decomposição".[22] Uma análise dos critérios de homogeneização adotados hoje vai nos mostrar que esta não é obtida

[22] Ibid, p. 74.

pela observação, e sim por uma fenomenologia dirigida, o que significa dizer que a pureza é dada pelas técnicas de purificação.

O químico Liebig (1845) – grande cientista – afirmou que era possível um menino separar em duas classes (metais e metaloides) os 56 corpos simples, conhecidos na época, levando apenas em conta suas propriedades externas. Bachelard faz uma crítica a essa afirmação, acrescentando que seria impossível, baseado no empirismo imediato, pôr em uma única categoria o enxofre, o bromo, o iodo e o oxigênio, pois só através de uma racionalidade associada a técnicas poder-se-ia chegar a essa classificação.

Bachelard dedica todo um capítulo de *Le matérialisme rationnel* para demonstrar que a homogeneidade e a simplicidade não são noções adquiridas pela sensibilidade imediata, e sim valores técnicos conquistados sobre a heterogeneidade e a complexidade. Para o materialismo instruído, o simples não é dado; ele é o resultado de uma técnica de segura homogeneização. Diz Bachelard: "A pureza, no reino da matéria, nunca é propriamente um dado; tampouco pode ser simplesmente constatada. Para reconhecê-la, o melhor é constituir um processo de purificação".[23]

Para afirmar a pureza de uma substância, portanto, precisamos utilizar um método experimental que, por sua vez, se apoia num racionalismo coerente. Na Química atual, o fato pureza é substituído pelas "operações de pureza".

Bachelard vai mostrar, ainda, que a pureza não é um absoluto e nem um dado seguro, pois provamos a pureza de um corpo usando reativos, que são postulados como puros.

[23] Ibid., p. 72.

Esses reativos receberam uma espécie de garantia social de sua pureza, pois não se trata de uma afirmação individual, mas sim de um assentimento da "cidade científica", que viu razões e técnicas para os considerar puros. Mesmo assim, há quem veja nesse critério de pureza uma relatividade muito grande e até coloque problemas quanto a se tratar de um círculo vicioso, já que esses mesmos reativos precisariam de outros para provarem sua pureza. O químico contemporâneo ignora essas colocações, pois sabe que a nossa época possui um corpo de reativos seguramente purificados, considerados como instrumentos capazes de provar a pureza dos demais corpos. É interessante ressaltar que são tantos os métodos de purificação, que é comum se afirmar a pureza de uma substância dizendo qual o método empregado para obtê-la. Temos aí um exemplo nítido do racionalismo aplicado de Bachelard. A relatividade da pureza impõe-se, ao mesmo tempo que se obtêm substâncias cada vez mais puras. Estando a noção de pureza solidária com a noção de operação de purificação, podemos falar em graus de pureza, o que afeta o conceito de pureza em si. Bachelard nos fala da possibilidade de irmos diminuindo as determinações de impureza de uma substância, à medida em que formos prosseguindo na técnica de purificação. Nesse caso, a substância iria conquistando graus de pureza e, não teria sentido se falar num limite de purificação ou numa pureza absoluta.

Bachelard conclui seu capítulo sobre a noção de homogeneidade dizendo que todas essas considerações sobre a Química atual nos conduzem a uma filosofia do racionalismo aplicado, que se fundamenta na afirmação de que o objeto científico é uma construção. Diz Bachelard, relativamente à pureza: "A pureza de uma substância é, pois, uma obra humana, não poderia ser tomada por um dado natural".[24] E, mais adiante, ele completa: "Já que a substância está dada, naturalmente dada, não é pura. Será pura quando a técnica a tiver purificado".[25]

A Tabela dos Elementos, criada por Mendeleev, é um exemplo nítido de materialismo instruído, em que também pode-se mostrar a construção do objeto químico. Para que se possa compreender a "novidade" essencial da tabela, torna-se necessária uma análise pormenorizada dos seus principais aspectos filosóficos.

Uma sistemática dos corpos simples só poderia aparecer numa ciência avançada, que já tivesse psicanalisado as tendências inconscientes ou imediatistas. Bachelard cita quatro dificuldades que impediriam anteriormente a constituição de um materialismo racional relativo à sistemática dos elementos. A primeira delas seria a existência de valores simbólicos inconscientes, que fixavam em números sempre baixos, como quatro ou sete (números sagrados), a quantidade de elementos, impossibilitando, assim, uma justa apreciação do caráter elementar objetivo. Em segundo lugar, Bachelard fala da dificuldade em se fazer uma classificação realmente racional enquanto o número de substâncias conhecidas fosse muito pequeno. Um terceiro obstáculo foi a confusão entre entes físicos e químicos, o que, por volta do século XIX, levou, por exemplo, a se considerar a luz como uma substância

---

[24] Ibid., p. 79-80.

[25] Ibid.

química. E, finalmente, o que também dificultou a constituição de uma sistemática de corpos foi a grande diversidade e desigualdade de elementos existentes na natureza. Bachelard diz que só é possível alcançar um materialismo racional dos elementos químicos através de uma ruptura com a pré-Química. Só na segunda metade do século XIX apresentou-se uma sistemática de elementos químicos numa perspectiva realmente instruída. A tabela de Mendeleev superou a era analítica de Lavoisier, fundando a Química sincrética, isto é, aquela que não se fixa em uma determinada posição filosófica, mas, ao contrário, é aberta a todas elas. Essa sistemática dos elementos, que os mostrava como uma totalidade orgânica, fez desaparecer a contingência dos corpos simples, antes acumulados empiricamente. Para que se possa discutir a noção de construção na Química e também compreender o valor racional e a coerência da sistemática dos elementos realizada por Mendeleev, vamos seguir a análise minuciosa que dela faz Bachelard.

Mendeleev executa uma ordem cruzada, baseando-se em duas variáveis que, no início, não estavam claramente distintas, como veremos mais adiante, passando a serem assinaladas mais tarde, quando se elaborou uma teoria da eletricidade. A ideia diretriz de Mendeleev foi tomar como critério de ordenação o peso atômico e a valência química. Numa linha horizontal ficariam dispostos os corpos simples, de acordo com a ordem crescente dos seus pesos atômicos, e, em colunas verticais, ficariam os elementos de mesma valência (número de elétrons na última camada). Quando Mendeleev organizou a tabela, entretanto, não se conhecia o elétron e se insistia sobre o caráter de hipótese do átomo. Por isso,

Mendeleev compreendia peso atômico no sentido de relações ponderais entre corpos que entram na composição e, como não se podia falar em valência, nas colunas verticais estavam os corpos de mesmas propriedades.

Bachelard analisa a noção de peso atômico, a noção privilegiada na tabela. Ele mostra que, tendo apenas um século e meio de existência, essa noção foi afetada por um devir epistemológico, passando de uma noção relativa a uma absoluta. Inicialmente, o peso atômico designava relações ponderais entre os elementos, quando ainda não se podia pesar o átomo, considerado uma noção hipotética. Com os trabalhos da escola atomista do século XX, foi possível determinar o peso absoluto de um átomo de uma substância determinada, e, consequentemente, o sentido da noção de peso atômico mudou, passando a ser o peso absoluto de um átomo o que lhe conferia um caráter realista. Bachelard ressalta que não se trata aí de um realismo imediato, mas sim de um realismo científico, pois não se chegava ao peso absoluto a partir de um conhecimento comum, mas através de racionalizações e de uma experiência comparativa bastante complexa, em que técnicas apuradas eram utilizadas.

Um outro aspecto da tabela analisado por Bachelard é relativo ao número atômico. No início, Mendeleev ordenou os corpos, levando em conta seus pesos atômicos, e atribuiu um número para cada corpo, começando do número 1 e indo até o 92, para que cada um tivesse um número de ordem. Com a mecânica quântica, surge a noção de elétron, e isso modificou muita coisa na tabela. Esse número atribuído a cada corpo passa a ser o número atômico (número de elétrons de um átomo). Essa mudança vai aumentar a racionalidade da tabela, que, anteriormente, apresentava algumas incoerências aparentes. Por exemplo, o Ar (argônio), de peso atômico 39,8, vinha antes do K (potássio), de peso atômico 39 e, portanto, menor do que o do Ar. Mendeleev fora obrigado a colocar desta forma, pois do contrário alteraria a coluna vertical, ordenada segundo a valência. Com a introdução da noção de número atômico, tudo se esclareceu, pois a tabela não mais se baseava nos pesos, e sim nos números atômicos. Podemos concluir daí que Mendeleev utilizou a noção do número atômico antes que o corpúsculo elétrico lhe desse corpo, sendo possível organizar o sistema porque havia um paralelismo entre o aumento do peso e do número atômico, embora, nos casos acima citados, essa correspondência fosse imperfeita.

Conforme diz Bachelard, podemos distinguir dois períodos da tabela de Mendeleev: a primeira fase, fundada nas qualidades químicas, quando se organizaram investigações empíricas, ficando muitos fatos sem explicação; a segunda, fundada nas estruturas eletrônicas, quando a teoria eletrônica veio apresentar razões para os fatos. Denota-se, aí, um racionalismo ativo, no qual experiência e razão se coadunam, mostrando que a organização estrutural determina as qualidades da substância.

Para Bachelard, a tabela de Mendeleev, modificada atualmente, constitui um racionalismo aritmético da matéria, em que seus atributos passam a ser números. Substituindo a noção de substância pela de estrutura, podemos dizer que a matéria não é substancialmente elétrica, mas sim aritmeticamente eletrônica. Diz Bachelard: "O quadro de Mendeleev é um verdadeiro contador que nos ensina a aritmética das substâncias, que nos ajuda a aritmetizar a Química".[26]

Para que se possa compreender a aritmetização da Química atual em relação às transmutações de substâncias, Bachelard faz a comparação mostrando que os alquimistas tentavam transformar o chumbo em ouro alterando as qualidades da substância, enquanto hoje o químico sabe que a alteração deve ser feita em relação ao Z (número de elétrons ou de prótons), isto é, devemos alterar o 82 do chumbo para o 79 do ouro.

Um outro aspecto da tabela, também analisado por Bachelard, é sua capacidade de levar a novos elementos, o que caracteriza seu racionalismo ativo e aplicado.

Na primeira tentativa de organização dos corpos simples, Mendeleev estabeleceu a existência de 92 elementos químicos. Bachelard faz uma crítica a isso, pois, apesar de seu valor de síntese, representa um racionalismo fechado. Com o progresso da ciência, houve uma abertura desse racionalismo.

Os isótopos são átomos que possuem o mesmo número de prótons, número de nêutrons diferentes e, embora suas propriedades físicas sejam diferentes, as químicas são iguais, o que faz com que eles pertençam ao mesmo elemento. Esses isótopos foram conseguidos recentemente, através de técnicas nucleares, havendo elementos com até mesmo dez isótopos. É difícil fixar o número de isótopos, pois aumenta de ano para ano. Desta forma, a tabela de Mendeleev foi complementada pelos isótopos, sem que sua organização to-

[26] Ibid., p. 96.

tal ficasse abalada. Conforme diz Bachelard: "O homem por sua prodigiosa técnica ultrapassa os quadros de seu próprio pensamento".[27]

A criação de novos elementos representa um progresso do racionalismo, assim como evidencia a construção do objeto químico. Com a criação de elementos novos não encontrados na natureza e que foram obtidos bombardeando-se núcleos de outros átomos, o racionalismo faz sua ontologia. Na técnica desses elementos transuranianos está a prova da construção do objeto científico, que não é mais dado na natureza, mas obtido através de operações técnicas sofisticadas. Diz Bachelard: "A Química é a ciência das transformações e das criações materiais".[28]

Gostaríamos, para encerrar as discussões sobre a tabela, de resumir os diversos aspectos analisados, procurando caracterizar onde se deu exatamente a construção.

Analisando a passagem da noção relativa de peso atômico para a absoluta, podemos concluir que esta noção não foi adquirida pela observação empírica, constituindo inicialmente uma construção da razão que, posteriormente, encontrou um fundamento no real.

A noção de número atômico, também, não foi proveniente de uma constatação da realidade empírica. Mendeleev usou-a antes que o elétron lhe desse um fundamento.

Então, podemos concluir que a tabela é um fruto da razão, tendo, como todo racionalismo ativo, a capacidade de

---

[27] Ibid., p. 83.

[28] Ibid.

aumentar a natureza, como ficou demonstrado com a criação dos elementos transuranianos; que não podem ser simplesmente constatados no mundo exterior.

Muito importante, também, é a aritmetização da Química feita pela tabela, pois isso significa a dessubstancialização completa da matéria, ficando os corpos químicos reduzidos a números e suas relações a relações puramente matemáticas.

Dominique Lecourt faz uma apreciação interessante sobre Bachelard, em relação a seus dois livros publicados sobre a Epistemologia da Química. Diz ele que o autor se manteve fiel a seus princípios, pois refez sua vida intelectual, assumindo novas perspectivas no segundo livro. *Le pluralisme cohérent de la chimie moderne,* escrito em 1934, mostra que a Química consegue reduzir sua pluralidade pela coerência. Nesse livro, Bachelard fala de uma revolução na Química e da necessidade de, mais tarde, re-escrevê-lo sobre novas bases, conforme faz quando publica *Le matérialisme rationnel,* em 1953. Nos dois livros, Bachelard denuncia o obstáculo substancialista como um impedimento do progresso da Química. No primeiro, vê-se claramente a ideia de uma harmonia da matéria, que teria por objetivo ressaltar a racionalidade dessa noção, mostrando que a ordem das substâncias se impõe como racional. Diz Lecourt que, no segundo livro, a palavra harmonia só aparece uma vez, embora Bachelard discuta essa coerência dos elementos no capítulo III. O que parece ser na época a preocupação do autor, segundo Lecourt, é valorizar a aritmetização que a tabela permite. Daí o comentador de Bachelard concluir que os princípios bachelardianos também estavam sujeitos a rupturas e retificações.

Gostaríamos, por último, de discutir o materialismo bachelardiano, que nos parece fundamental no que diz respeito à ciência química e à construção do objeto científico. Precisaria ficar claro qual o sentido da filosofia materialista em Bachelard e como se relacionaria essa filosofia com os demais conceitos do seu pensamento.

Bachelard opta por um materialismo, que ele denomina materialismo técnico, racional ou "instruído". Não se pode comparar esse materialismo com os demais existentes na filosofia, até então. Na polêmica de Bachelard contra o idealismo, parece claro que ele critica qualquer filosofia que considere a matéria como fruto da consciência. Por outro lado, seria incoerente considerar Bachelard um materialista, pois ele nega que a matéria independa do sujeito e que possa ser captada passivamente por ele.

No materialismo instruído, essas duas posições – idealismo e materialismo – se coadunam para se adequarem à Epistemologia da Química contemporânea, em que a matéria nem é uma ideia nem pode ser constatada na natureza. A matéria, para a Química atual, é um objeto construído através de noções racionais e de técnicas apuradas. Conforme diz Bachelard: "O espírito, no materialismo químico, instrui-se, abandonando a matéria natural, em benefício da matéria humanamente artificializada".[29]

---

[29] Ibid., p. 50.

5

O Materialismo Bachelardiano

Acreditando que a reflexão sobre a concepção de materialismo bachelardiano poderia contribuir para a melhor compreensão da noção de construção do objeto científico, tornando mais claro o racionalismo que preside a ciência atual, consideramos pertinente discuti-la neste capítulo.

É importante que o materialismo bachelardiano seja compreendido na sua especificidade, pois este se impõe como perspectiva bastante diferente das filosofias materialistas, defendidas ao longo da história da filosofia.

Pode-se denotar a peculiaridade da perspectiva bachelardiana ao se constatar que em sua epistemologia materialismo e idealismo conseguem conviver sem se excluir, enquanto na tradição filosófica essas posturas aparecem como antagônicas e até mesmo excludentes.

O materialismo bachelardiano se apresenta sob dois aspectos: como materialismo científico nas obras em que analisa os aspectos materialistas da ciência contemporânea e como exaltação à imaginação material, quando Bachelard mostra na via poética que a imaginação criadora é decorrência do contato com a matéria, ao mesmo tempo, estimulante e provocador. Vamos deter-nos no materialismo científico já que este nos interessa mais de perto, pois a atitude materialista, presente na ciência de hoje, está intimamente relacionada com a noção bachelardiana de construção do objeto científico.

Em *Le matérialisme rationnel*, Bachelard afirma que a ciência contemporânea "põe em relevo um novo espírito materialista", cujas características são bastante diferentes daquelas existentes nas perspectivas materialistas da tradição filosófica. Contrapõe, portanto, o que denomina de "materialismo científico", presente nas diversas instâncias da ciência, ao materialismo filosófico tradicional, acusado nas obras bachelardianas de ser um materialismo "massivo", "imobilizado", um materialismo sem matéria. Para Bachelard, a atitude que as filosofias materialistas chamam de objetiva é apenas idealmente objetiva, pois é uma atitude que recusa o contato, detendo-se nos aspectos exteriores da matéria, voltando-se, portanto, para as primeiras convicções que a matéria provoca.

De tudo que foi dito, pode-se depreender que o materialismo bachelardiano não é uma filosofia especulativa, mas, ao contrário, trata-se de filosofia que fornece meios de poder, fazendo da ciência uma atividade produtora de descobrimentos.

Para caracterizar melhor o materialismo científico, Bachelard o contrapõe a certas perspectivas filosóficas que denomina de "fenomenologias do objeto". Estas últimas consideram o objeto como correlato da consciência, enquanto a ciência contemporânea, fundamentalmente materialista, tem como propósito trabalhar a matéria, transformando-a.

Com o intuito de caracterizar melhor a especificidade do materialismo bachelardiano, mostrando-o em toda sua plenitude, é necessário retomar a concepção bachelardiana de matéria.

Para chegar à noção de matéria que servirá de base ao materialismo científico, Bachelard parte da crítica às noções de matéria apresentadas pelos filósofos. Mostra que existem duas tendências na história da filosofia. A primeira reduz a matéria à forma ao tentar compreendê-la como geometrização de átomos, ou seja, como simples formato. Dessa forma os filósofos estão desprezando a instância verdadeiramente material, na medida em que consideram apenas os signos exteriores da matéria, apreendidos numa primeira visada. A tendência oposta considera a matéria como antiforma. Enquanto a forma é o ser, a matéria se impõe como não ser, ou seja, apresenta-se como massa disforme que aguarda a ação "informadora" que lhe dará sentido e significado. A matéria é, pois, receptáculo de irracionalidades não definidas. Nesse sentido, é "o informe e o informulável; podendo receber todos os matizes pejorativos do inominado ao inominável".[1]

Para Bachelard, a matéria pode ser reduzida a duas instâncias fundamentais. A primeira instância específica da noção de matéria é a resistência, enquanto a segunda é a mescla de substâncias.

Para compreender a matéria como resistência é necessário distinguir duas atitudes fundamentalmente opostas. A primeira, diz Bachelard, é a atitude contemplativa, cuja meta é apreender o objeto através do olhar à distância. Nessa atitude, o que interessa é a forma do objeto, pois ela faz com que este se torne um centro ao redor do qual o espírito dirigirá suas categorias. A segunda é a atitude própria do materialis-

[1] Bachelard, *Le matérialisme rationnel*, p. 20.

mo instruído, através da qual se pretende um contato mais íntimo, mais penetrante com o objeto que passa a ser, então, um obstáculo, enquanto a matéria se torna resistência. Apreender a matéria como resistência significa ir mais além do objeto. O esforço para superar os obstáculos nos faz alcançar o que Bachelard denomina de consciência de trabalho, uma consciência que faz com que nos sintamos como corpo, e não apenas como espírito ou como puro pensar. Nesse sentido, o materialismo presente na ciência contemporânea faz da resistência a noção fundamental, o que implica que todos os elementos do racionalismo materialista deixem de ser hoje elementos naturais, tornando-se substâncias com garantia de resistência.

A segunda instância da noção de matéria é a mescla de substâncias, devendo ser compreendida como a capacidade que a matéria possui de se transformar, através do contato e da mescla com outras matérias.

Considerando-se os objetos materiais em suas reações mútuas, alcança-se a "consciência transformante", na medida em que se apreendem as possibilidades de deformação da matéria. Compreende-se, então, que a forma é, apenas, um instante da matéria, enquanto o tempo da matéria possui duração maior e mais íntima. Conforme afirma Bachelard:

> As matérias trabalhadas, as matérias em trabalho, as matérias apreendidas na ação mesma de sua mescla, eis aí outras tantas lições de intimidade.[2]

[2] Id., *La terre et les reverie de la volonté,* p. 24.

Refletindo sobre o materialismo científico pode-se concluir que o materialismo é fundamentalmente uma filosofia que exalta a atitude de confronto entre homem e mundo, reduzindo o conhecimento a um corpo-a-corpo, através do qual a resistência se torna o aspecto mais fundamental. O materialismo é, pois, para Bachelard, a filosofia que exalta o trabalho da matéria, mostrando que o conhecimento implica um confronto com a resistência material, uma superação dos obstáculos que o mundo nos impõe enquanto matéria. Conhecer significa, portanto, penetrar na intimidade mesma da matéria.

Com essa noção de materialismo, Bachelard resgata o aspecto material do processo cognoscente, mostrando que o contato com a materialidade é imprescindível na construção do saber.

Com o intuito de esclarecer melhor a relação entre a concepção bachelardiana de materialismo e a noção de construção do objeto científico, torna-se imprescindível retomar a crítica que Bachelard faz à tradição científico-filosófica do Ocidente.

Conforme mostra Bachelard, a tradição da cultura ocidental foi contaminada por uma atitude perniciosa que ele denomina de "vício da ocularidade". Essa atitude tem como característica principal fundamentar o conhecimento na visão, fazendo deste uma extensão da ótica. Impõe o privilégio da visão sobre os demais sentidos, acreditando que o conhecimento deve dar-se fundamentalmente pelo olhar. A "ocularidade" faz-se notar até mesmo na linguagem que se utiliza de termos como "visão de mundo", "perspectiva", "teoria" etc., o que demonstra o privilégio do olhar sobre os demais sentidos. Bachelard pretende desembaraçar a filosofia e a ciência das determinações visuais, resgatando a importância do contato corpo a corpo entre homem e mundo. Aponta a ineficiência de um conhecimento puramente visual, através do qual o homem vê o mundo como espetáculo, numa relação puramente contemplativa. Diz ele:

> Os olhos em paz vêm as coisas recortem-nas sobre o fundo do universo, e a filosofia, ofício dos olhos, ganha consciência do espetáculo. O filósofo põe um não eu face ao eu. A resistência do mundo não passa de uma metáfora, não é mais do que uma obscuridade, do que uma irracionalidade.[3]

O pecado maior da civilização ocidental é tentar compreender a ciência como olhar passivo do mundo-espetáculo, fazendo, assim, do saber pura contemplação ociosa. Sublinhando, cada vez mais, o poder materializante da ciência contemporânea, Bachelard resgata a importância do corpo e da mão, desvalorizados pela trajetória que a cultura científico-filosófica assumiu no Ocidente.

Pode-se, então, concluir que o materialismo bachelardiano é uma filosofia que celebra o trabalho. O materialismo é instruído e ativo porque subentende o trabalho da matéria, o trabalho contra a matéria. É nesse sentido que Canguilhem afirma que o trabalho tem valor primordial na obra de Bachelard. Diz ele:

> Dir-se-ia que o conceito de aplicação, com sua dupla significação psicológica e técnica, induziu no es-

[3] Ibid., p. 29.

pírito de Bachelard a imagem do labor. Mas talvez seja necessário ver na obra epistemológica de 1949 (*Le rationalisme appliqué*) a influência das imagens trabalhadas na obra poética de 1948 (*La terre et la rêverrie de la volonté*).[4]

Com Bachelard aprendemos que a dialética do trabalho liberta energia, fazendo do homem um ser ativo e criador. As obras bachelardianas advogam o materialismo, a aplicação, a concretude, o trabalho, mostrando que através deles o homem liberta energia reconstruindo um mundo sempre novo.

O trabalho da matéria instiga o homem a renovar o mundo, reconstruindo-o, através da razão e dos aparelhos numa dialética viva e dinâmica. Conforme diz Bachelard:

> Para manter-se no centro do espírito trabalhador e da matéria trabalhada, é necessário abandonar muitas tradições filosóficas, não só sobre a realidade do mundo sensível, como sobre a clareza nativa do espírito. A ciência de hoje em dia é deliberadamente Factícia no sentido cartesiano do termo. Rompe com a natureza para constituir uma técnica. Constrói uma realidade, talha a matéria, dá finalidade às coisas dispersas. Construção, purificação, concentração dinâmica, eis aí o trabalho humano, eis aí o trabalho científico.[5]

---

[4] Canguilhem, *Gaston Bachelard et les philosophes*, Sciences, março-abril, p. 9.

[5] Bachelard, *La activité rationaliste de la science contemporaine*, p. 10.

Falamos no início do capítulo que na epistemologia bachelardiana materialismo e idealismo convivem sem se excluir, o que demonstra a especificidade que essas posturas adquirem no seu pensamento.

Como vimos antes, a ciência atual é preponderantemente materialista porque sua objetividade resulta de um trabalho árduo e difícil, através do qual o homem, num confronto corpo a corpo, experimenta a resistência do mundo.

Por outro lado, a ciência se impõe também como construção, na medida em que constitui o próprio fenômeno, através de coreografia criadora, na qual se dialetizam razão e técnica.

O aspecto de construção da ciência denota uma forma de idealismo que também não pode ser comparada às posturas idealistas da tradição filosófica, mas que é bem trabalhada por Bachelard no texto *L'idéalisme discursif*,[6] quando mostra que a objetividade científica não é resultado de uma constatação do dado, mas sim do "ritmo oscilatório entre objetivação e subjetivação", ou seja, é resultado do processo de construção do objeto científico.

Pode-se então concluir que a ciência contemporânea acolhe em seu seio perspectivas consideradas antagônicas que se revelam no dinamismo de seu trabalho de construção do saber.

Construindo um mundo sempre novo, a ciência resulta de um corpo-a-corpo, no qual o pensamento e o aparato ocupam papel primordial.

Conhecer é, assim, vencer obstáculos, é experenciar a resistência do mundo material.

[6] Id., *Études*, p. 88.

O processo cognoscente, impondo-se como verdadeiro confronto com a materialidade do mundo, instiga a razão desencadeando a proliferação de novas ideias e a elaboração de teorias ao mesmo tempo abstratas e operatórias, o que faz da ciência uma construção fundamentalmente fenomenotécnica.

6

A Noção de Tempo como Instante

A noção bachelardiana de tempo é desenvolvida nos livros *A Intuição do Instante* e *A Dialética da Duração*. A história das ciências, exaltando a novidade do instante, mostra que a atualidade é uma ruptura com o passado da ciência, fundamentando-se, assim, na noção de descontinuidade temporal. Na vertente poética, a noção de instante se torna primordial, pois, segundo Bachelard, as imagens poéticas emergem e se proliferam na consciência, na solidão do instante. Daí a necessidade de se refletir sobre a noção bachelardiana de tempo como instante para melhor compreender o verdadeiro sentido do voo ascensional de criação que é próprio da imaginação poética.

Pode-se dizer que a metafísica do tempo como instante constitui um dos fundamentos principais da obra de Bachelard, pois é através da noção bachelardiana de tempo descontínuo que podemos compreender a unidade do pensamento filosófico do autor, um pensamento que se apresenta fragmentado em duas vertentes, a da epistemologia e a da poética, cujas especificidades e diferenças atestam sua oposição.

A tese bachelardiana do tempo como instante resulta de uma polêmica que Bachelard trava com Bergson. Ao criticar a noção bergsoniana de duração, Bachelard contrapõe a esta a noção de instante apresentada por Roupnel em sua obra literária *Silöe*.

Torna-se, pois, imprescindível partir da compreensão bergsoniana de duração para, opondo-se a ela, chegar à noção bachelardiana de instante. Bergson, por sua vez, parte da crítica à psicologia associacionista que, segundo ele, anulava a consciência, na medida em que a reduzia a estados subordinados a um determinismo físico. Recusa, por outro lado, a noção de tempo científico inerente à Física newtoniana, ou seja, a noção de tempo do relógio que habitualmente rege nossa vida cotidiana.

Para Bergson, a perspectiva da ciência newtoniana substitui o tempo real por uma projeção do tempo no espaço, na medida em que, tendo por intuito torná-lo mensurável, compreende o tempo como fator de movimento. Nesse sentido, impõe-se que se vincule a noção de tempo à noção de espaço. Ao propor a noção de tempo como duração, Bergson pretende separar as duas noções, negando a ideia de um tempo espacializado.

Um exemplo pode tornar mais clara a crítica bergsoniana à noção de tempo inerente à Física de Newton. Imaginemos uma corrida, na qual o corredor tem por fim alcançar uma determinada meta. Através de um relógio, vamos medir o tempo que o corredor leva para alcançar o ponto de chegada. Quando este inicia a corrida, os ponteiros do relógio se põem ao mesmo tempo em movimento. Impõe-se, pois, uma questão relevante: O que significa medir o tempo? Conforme mostra Bergson, medir o tempo do corredor é, na verdade, constatar o número de simultaneidades que há entre os dois movimentos, o movimento do corredor e o do relógio. Torna-se, pois, evidente que quando falamos em tempo na ciência, o que estamos fazendo, na verdade, é comparar dois movimentos no espaço. Nesse sentido, se retardássemos cem vezes o movimento do corredor, fazendo o mesmo em relação ao movimento dos ponteiros do relógio, a medida do tempo seria a mesma. No entanto, para aqueles que estavam assistindo a corrida, o tempo teria uma duração 100 vezes mais lenta.

Para Bergson, o tempo científico é, pois, um tempo que não dura, um tempo que, por ter como fim o fato de se tornar mensurável, vai, em última instância, reduzir-se a pontos sucessivos do espaço, ou seja, a um tempo espacializado. Conclui, então, que o tempo científico, espacializado, matemático e descontínuo nada mais é do que uma abstração.

Para Bergson o verdadeiro tempo é a duração, ou seja, o tempo vivido pela consciência. Em sua obra *Ensaio sobre os Dados Imediatos da Consciência,* afirma: "É, pois, no fluir da consciência que devemos apreender o tempo", "é no dinamismo da consciência que vamos apreender a duração".[1] Para Bergson, a inteligência não consegue apreender a duração, pois, como é analítica, acabaria por fragmentar a consciência, enquanto a intuição, ao contrário, permite o contato do eu consigo mesmo, um contato imediato através do qual o eu se apreende como duração.

---

[1] BERGSON, Henry. *Essai sur les donnés imédiates de la conscience.* 5ª ed., Paris: PUF, 1993, p. 74-75.

Ao se opor à tese bergsoniana da duração Bachelard faz de forma enfática algumas afirmações. Diz ele: "O único tempo real é o instante", "O instante se impõe de um golpe de forma completa para logo em seguida morrer", "O instante é, portanto, uma realidade entre dois nadas".[2] A partir destas teses conclui que o instante é solidão, pois é impossível passar de um instante a outro. Abandona-se um instante para, em seguida, viver-se um outro. Dessa forma, o instante conserva sua novidade, sua individualidade, sua especificidade. Conforme mostra Bachelard o homem só consegue tomar consciência de si no instante presente. Daí a evidência do *cogito,* que, segundo Bachelard, decorre do seu caráter imediato e instantâneo. Mostra que é no instante presente que a atenção da consciência recebe todo seu valor de intensidade, refazendo-se para, em seguida, viver um novo instante. Pode-se, então, dizer que a atenção está constituída destes renascimentos do espírito que surgem na consciência quando o tempo se manifesta fragmentado em instantes.

Essas teses levam Bachelard à conclusão final de que o tempo é descontínuo, constituído por instantes pontuais. Mostra que a continuidade temporal nada mais é do que uma construção da inteligência que une de forma linear a pluralidade de instantes, dando-nos a impressão de continuidade íntima. A duração, para Bachelard, não é, portanto, um dado imediato da consciência, como afirmava Bergson, mas é, ao contrário, uma construção do espírito e tem, assim, um caráter mediato e indireto.

---

[2] Bachelard, *La intuition de l'instant.* Paris: Denoel, p. 13

Partindo da questão "O que confere ao tempo sua aparência de continuidade?", Bachelard vai mostrar que a duração nada mais é do que uma reconstrução psicológica que nasce da repetição de ritmos. O ritmo é que dá a continuidade da duração, pois o passado é um hábito presente, e o futuro, um ritmo antecipado.

Bachelard, forte opositor da tradição filosófica, usa um procedimento metodológico *sui generis.* Depois de afirmar a tese de que a realidade do tempo é o instante, volta-se para a busca de fundamentos que corroborem sua tese da descontinuidade temporal.

Sigamos a lição da psicologia de Pierre Janet, diz Bachelard. Para o psicólogo, o espírito é essencialmente um fator de começos, pois as condutas psicológicas são sempre atos explosivos. O pensamento do futuro não é senão um programa de ações, uma sucessão sem duração. Conforme afirma Bachelard:

> Há na psicologia de Pierre Janet numerosas páginas sobre a psicologia do "começo". Eis aqui uma psicologia muito especial que poderia ser a chave de muitos problemas. O espírito é essencialmente um fator de começos (*A Dialética da Duração*, p. 41).

Mais adiante acrescenta:

> Toda duração bem constituída deve, portanto, estar provida de um começo claramente destacado. Nesses começos magníficos e solenes, como não ver a causalidade da razão substituindo a pretensa causalidade de uma duração? (*A Dialética da Duração*, p. 41).

Com o intuito de melhor fundamentar a noção de tempo como instante, Bachelard se volta, também, para a ciência de sua época, retomando a teoria da relatividade einsteiniana e a mecância quântica, nas quais vai encontrar subsídios para uma aritimetização da noção de tempo.

Para a teoria da relatividade, a medida do tempo depende do quadro de referências em que se deu o fenômeno. Como o espaço, o tempo também se contrai ou se estende em função da velocidade. Nesse sentido, um viajante que se locomove com a velocidade da luz envelheceria mais lentamente do que aquele que permanecesse no planeta Terra. Pode-se deduzir daí que Einstein recusa o absoluto da duração, substituindo-o pelo absoluto do instante. A teoria da relatividade destrói, pois, segundo Bachelard, todas as provas externas da duração absoluta. Mostra que não há no mundo convergência para nossas durações individuais vividas na intimidade da consciência. Demonstrando que o intervalo entre dois eclipses vai depender da posição do observador, Einstein conclui que somente no contínuo espaço/tempo – portanto, no instante – podemos medir com precisão o tempo. Em *A Intuição do Instante*, Bachelard afirma:

> Assim, subitamente, com a Relatividade, tudo o que dizia respeito às provas externas de uma duração única, princípio claro de uma ordenação dos acontecimentos, foi arruinado. O metafísico devia se curvar ao seu tempo local, encerrar-se na sua própria duração íntima. O mundo não oferecia – pelo menos de imediato – uma garantia de convergência para nossas durações individuais, vividas na intimidade da nossa consciência (*Int. Inst.*, p. 30).

A ciência einsteiniana, segundo Bachelard, vai permitir a ligação entre instante e absoluto. "*O instante bem preciso,*" escreve o filósofo, "*permanece na doutrina de Einstein, um absoluto*" (Int. Inst., p. 30). Basta, para isso, considerar o instante como um ponto do espaço-tempo, um ponto no qual se dá a convergência do lugar e do presente. Dessa forma, o instante se revela preciso, conferindo à ciência sua característica de objetividade.

Bachelard nos convida, também, a descer ao detalhe, procurando precisar, não o conhecimento de um objeto de nosso mundo imediato, mas evocar experiências que se dão no mundo dinâmico da microfísica e refletir sobre o tempo da realidade subatômica dos quanta. Conforme nos mostra o filósofo, para penetrar no contexto da microfísica, deve-se abandonar a postura realista. O corpúsculo, manifestando-se somente através de impulsos de energia ou de radiação, tem sua existência restrita ao instante. Na mecânica quântica, a energia passa a ser calculada a partir dos impulsos, e não da velocidade, o que significa que a noção de tempo que serve de fundamento para a microfísica é a de instante. Conforme afirma Bachelard:

> (...) o átomo receberá o dom de um momento fecundo, mas o receberá ao acaso, como uma novidade essencial, após as leis do cálculo das probabilidades, pois é preciso que cedo ou tarde o Universo, em todas as suas partes, tenha participado da realidade temporal, pois o possível é uma tentação que o real acaba sempre por aceitar (*Int. Inst.*, p. 55).

Mas como confessa o próprio Bachelard, sua pretensão não é a desenvolver provas científicas que possam reforçar a tese do tempo descontínuo. Pretende, ao contrário, fazer com que o leitor possa liberar em si mesmo a intuição do tempo como instante, afastando a noção de duração e de contínuo que, servindo de base para nossas ações cotidianas, com frequência passa a nos oprimir. Diz Bachelard:

> O tempo é o mais difícil de se pensar de maneira descontínua. É, pois, a meditação desta descontinuidade temporal realizada pelo "Instante isolado" que nos abrirá as vias as mais diretas para uma pedagogia do descontínuo (*Int. Inst.*, p. 56).

Na vertente poética bachelardiana, a noção de tempo também é fundamental. Conforme mostra o filósofo, a imaginação e o poema permitem ao homem viver o tempo do instante, afastando-o do tempo da vida, do tempo do senso comum, do tempo que pressupõe a medida e a continuidade, de um tempo que corre horizontalmente.

É no instante que as imagens emergem no eu do poeta, permitindo que este viva num só instante todas as ambivalências da vida. A imagem vivida pelo poeta, fruto do instante, é única, não tem passado, não tem antecedentes, não possui causa, pois nada a determina, nada a continua. Como o instante, a imagem emerge para logo em seguida morrer. Viver uma imagem é ter num único instante uma visão plena e total do universo.

Para Bachelard, a metafísica do tempo como instante se dá no momento em que o homem vive a imaginação criadora, no momento em que este se entrega à proliferação ininterrupta de imagens, fazendo existir em torno de si um mundo surreal.

Em sua obra *A Dialética da Duração,* Bachelard discute a noção de ritmo, referindo-se a uma tese manuscrita que recebeu de um psicólogo brasileiro denominado Lúcio Pinheiro dos Santos. Ritmo-análise. Conforme mostra a tese, a energia vibratória é a energia da existência e, assim sendo, não só a matéria, mas também o espírito, existem no tempo vibrado, num tempo constituído de ritmos. Para a Ritmo-análise, o homem pode sofrer de uma escravidão aos ritmos inconscientes e confusos que levam à perturbação da estrutura vibratória do espírito, o que leva ao sofrimento. Contrariamente à psicanálise, a terapia da Ritmo-análise consistiria em procurar reorganizar temporalmente o espírito, levando-o a alcançar novamente a cadência rítmica. Um dos procedimentos da teraopia seria o estimular a atividade criadora do homem, pois, para Pinheiro dos Santos, a falta de uma sublimação ativa, emergente e positivamente criadora pode causar o transtorno do jogo dos valores psíquicos e a desestrutura rítmica da consciência.

Bachelard segue a mesma linha da Ritmo-análise ao mostrar ao longo de sua vertente poética que a imaginação criadora permite ao homem viver o instante em toda a sua intensidade, libertando o homem do tempo da vida e do senso comum que o aprisiona numa temporalidade contínua e horizontal.

Pode-se, então, concluir que, segundo Bachelard, para viver o instante de criação, seja na ciência ou na poética, é necessário renegar o tempo do mundo, o tempo da vida que rege nossas ações pragmáticas, o tempo sucessivo, contínuo e horizontal. No ato de criação, o homem consegue vivenciar um tempo vertical que o eleva ascensionalmente. Rompendo os quadros da duração horizontal, afastando-se da vida periférica, o homem atinge através da imaginação criadora a referência autossincrônica. Apaga-se, assim, subitamente a achatada horizontalidade, e o tempo deixa de correr, passando a jorrar como a eterna fonte da juventude de Silöe.

7

A Originalidade de Bachelard

Não se pode negar a importância da obra de Bachelard na conjuntura cultural da atualidade. As ideias e categorias bachelardianas, por sua força e originalidade, atuaram como verdadeiros tentáculos que, alcançando campos diversos do saber, fizeram com que sua influência se estendesse para além do âmbito da filosofia das ciências e da poética.

As categorias bachelardianas estão presentes em quase todos os debates teóricos que acontecem nas mais distintas áreas do saber. Acolhidas, contestadas ou discutidas, marcam presença nas ciências físico-químicas, na psicologia, na pedagogia, na história, na crítica literária e até mesmo na ética.

A riqueza e complexidade do pensamento bachelardiano favorecem a existência de inúmeras interpretações de sua obra. Todas, porém, convergem num ponto, que é o do reconhecimento da importância de sua filosofia no contexto da cultura atual. Concluindo seu livro, diz Dominique Lecourt: "Esperamos ter podido mostrar o acontecimento histórico que foi, no campo da filosofia, o aparecimento de Gaston Bachelard".[1] Apesar de mostrar o pensamento de Bachelard como um idealismo que, de certa forma, impe-

[1] Lecourt, *L'epistémologie historique de Gaston Bachelard*, p. 104.

de o desenvolvimento das ideias marxistas na França, Michel Vadée não deixa de reconhecer a influência deste ao dizer: "Bachelard, pouco a pouco, foi sendo oficializado. Ele representa uma passagem obrigatória a todos os níveis de ensino filosófico".[2] Canguilhem, discípulo e admirador de Bachelard, também não poderia deixar de se manifestar sobre a importância de sua epistemologia, dizendo: "Uma homenagem a sua memória, digna dele, não deveria consistir somente em fazer sentir o vazio que adveio da sua perda, mas consistiria, antes de tudo, em poder assegurar que a lição deste gênio não fique perdida".[3]

No contexto filosófico brasileiro, o impacto da obra de Bachelard também foi reconhecido, sendo manifestado ainda hoje por alguns intérpretes do seu pensamento. Entre outros, podemos citar Elyana Barbosa, cuja proposta do livro que escreveu em 1996 é mostrar que Bachelard, antecipando ideias que marcarão os tempos vindouros, deve ser considerado o arauto da pós-modernidade.[4] Constança Marcondes Cesar, profunda conhecedora do pensamento bachelardiano, lembra o quanto ainda se tem por fazer a partir da obra de Bachelard, acrescentando a seguir: "Mestre do pensamento, o filósofo francês assinalou múltiplas questões que podem abrir horizontes novos de reflexão".[5]

[2] Vadée, *Bachelard ou le nouvel idéalisme épistémologique*, p. 286.

[3] Canguilhem, *Étude d'histoire et de philosophie des sciences*, p. 186.

[4] Barbosa, *Bachelrd: O arauto da pós-modernidade*, p. 10.

[5] Marcondes Cesar, *A hermenêutica francesa: Bachelard*, p. 7.

Considerando que a importância do pensamento de Bachelard advém, principalmente, da originalidade de suas teses, vamos procurar, ao longo deste capítulo, levantar alguns aspectos de sua epistemologia que lhe conferem originalidade.

Em primeiro lugar, a epistemologia de Bachelard constitui resposta ao apelo de elaboração de uma filosofia das ciências realmente adequada à ciência que então surgia. O final do século XIX e o início do século XX se caracterizaram por transformações profundas ocorridas no interior das teorias científicas, transformações estas que levaram à revisão e substituição de princípios até então considerados como verdadeiros e absolutos. O surgimento das geometrias não euclidianas, da teoria da relatividade, das mecânicas quântica e ondulatória impuseram nova leitura e reformulação epistemológica dos pressupostos do racionalismo clássico. Bachelard, como precursor dessa nova leitura, desvela nas teorias científicas novo modelo de racionalidade que será explicitado pela categoria de racionalismo aplicado.

Isso foi possível porque a proposta primordial da epistemologia bachelardiana é se voltar para a análise da prática efetiva dos cientistas. Em lugar de partir de uma ideia geral e a priori de ciência, como faziam as demais filosofias das ciências de sua época, Bachelard acredita que o conceito de ciência deve ser ditado pela prática concreta de sua atividade. Considerando que a ciência se retifica e se refaz, transformando-se ao longo de seu desenvolvimento, mostra que a epistemologia deve respeitar a historicidade e a inconstância do saber científico, para, assim, poder expressá-los adequadamente. Daí, sua famosa frase: "A ciência cria filosofia"[6], que representa uma crítica aos sistemas filosóficos, que, partindo de princípios gerais e abstratos, procuravam aplicá-los à ciência com o intuito de compreendê-la, sem, no entanto, levar em consideração as transformações que o saber científico sofre na sua trajetória de desenvolvimento.

É portanto algo novo e original na sua época exigir da filosofia das ciências que deixe de ser filosófica, isto é, que esqueça seus princípios e que reflita o pensamento científico em sua especificidade, em sua mobilidade e em sua dinamicidade.

O reconhecimento de que cada prática possui objeto e métodos próprios, assim como características específicas, implica a aceitação de que não há uma única definição de ciência e que o saber científico e seus pressupostos estão sujeitos a uma historicidade. Nesse sentido, cada região do saber só se define ao longo de sua própria trajetória.

Para Bachelard, não se trata, pois, de propor uma definição de ciência, mas sim de mostrar como se deu a produção de conceitos e o desenvolvimento da racionalidade através da evolução de certa região do saber. Esta será, para ele, a tarefa principal de uma epistemologia realmente adequada à atividade científica contemporânea.

Introduzindo a noção de "ruptura", Bachelard mais uma vez se opõe à tradição epistemológica de sua época. Contrariando Meyerson e a tradição positivista, Bachelard mostra que a ciência contemporânea é um conhecimento de segun-

[6] Bachelard, *La philosophie du non*, p. 22.

da aproximação que rompe com o real imediato e o conhecimento comum. Com o intuito de alcançar a objetividade, a ciência se afasta dos dados imediatos e constrói, através de racionalizações e técnicas, um conhecimento inteiramente novo. Muitos foram os exemplos apresentados por Bachelard em que ele denuncia essa ruptura entre ciência e conhecimento comum. Um exemplo interessante é citado em *Le rationalisme appliqué*:

> Durante muito tempo, os esforços tendentes a criar a máquina de costura foram infrutíferos porque se persistia em pretender reproduzir a costura de mão; a partir, porém, do momento em que se decidiu introduzir um novo modo de costura, mais adequado às exigências da mecânica, rompeu-se o encanto, e a máquina de costura não tardou a passar ao campo da prática.[7]

A categoria bachelardiana de ruptura também serve para expressar a descontinuidade que rege o desenvolvimento das teorias científicas. Para Bachelard, o progresso das ciências só pode ser compreendido através da noção de ruptura, pois a Física e a Química contemporâneas foram construídas através da retificação dos pressupostos da ciência moderna.

Um outro aspecto importante da Epistemologia bachelardiana, que inaugura uma nova atitude, foi ressaltado por Canguilhem como um dos três axiomas que, segundo ele, sintetizam o pensamento de Bachelard. É ele "o primado teórico do erro", que afirma um novo sentido de verdade na ciência.

---

[7] Id., *Essai sur la connaissance approché*, p. 163.

Até então, a verdade de um conhecimento era sua correspondência com o real. Para Bachelard, a verdade só adquire seu sentido completo quando surge de erros retificados, o que significa que não pode existir verdade primeira, sendo o erro condição essencial para a conquista da verdade. Tal colocação é inteiramente original, pois até então não se tinha analisado o aspecto positivo do erro, definindo-o como ausência de conhecimento, isto é, como privação. Bachelard vai ressaltar que o erro tem uma função positiva na gênese do saber, e é exatamente isso que explica a dialética que caracteriza o pensamento científico da atualidade.

Bachelard é o responsável por uma nova concepção de história das ciências, que teve sua origem na desmistificação da tese de um progresso contínuo do saber, defendida pelas filosofias de sua época. A tradição positivista e o realismo meyersoniano afirmavam que o pensamento científico evoluía através do acúmulo de conhecimentos, que iam se completando. Essa posição levava à noção de precursor, muito comum na filosofia das ciências de então. O precursor é alguém que começa a percorrer um caminho que é continuado por outro posteriormente. A noção de progresso contínuo se sustenta na ideia de que é possível situar conceitos ou discursos de uma determinada época em outro espaço intelectual, desprezando, assim, o aspecto histórico. Bachelard, negando o continuísmo, defende a tese de que o progresso das ciências é descontínuo, mostrando que o desenvolvimento da ciência se faz por mutações, isto é, por mudanças de perspectivas determinadas pela própria evolução do pensamento.

Daí a noção de "corte epistemológico", atribuída a Bachelard, que define o momento em que uma ciência rompe com o passado, assumindo nova trajetória. Essa ruptura com o passado não significa, entretanto, uma negação total deste, podendo ser mais bem caracterizada como um englobamento, no qual o passado é apenas uma das possibilidades de abordagem. O exemplo dado por Bachelard que melhor esclarece essa dialética é o da teoria da relatividade, que, para ele, constitui inegavelmente uma ruptura com o sistema newtoniano, no sentido de que é impossível passar de Newton para a relatividade einsteiniana apenas acumulando conhecimento. No entanto, a teoria de Einstein representa uma Panastronomia, pois, ao mesmo tempo em que rompe com a Física newtoniana, engloba-a, fazendo com que esta seja um caso particular do sistema einsteiniano. Vejamos:

> Se temos uma visão geral das relações epistemológicas da ciência física contemporânea e da ciência newtoniana, vemos que não há desenvolvimento das antigas doutrinas para as novas, mas, antes, pelo contrário, envolvimento dos antigos pensamentos pelos novos.[8]

A divisão em períodos, feita por Comte, baseava-se na tese da continuidade do progresso científico, já que considerava cada época como uma preparação para a seguinte. Bachelard vai se opor a isso, mostrando que a tese do continuísmo é ineficaz para explicar o caráter de novidade da ciência contemporânea. Diz ele:

[8] Ibid., p. 44.

> A própria história científica, quando apresentada num curto preâmbulo, como preparação do novo pelo antigo, acentua as provas de continuidade. Em tal atmosfera de confusão psicológica será, pois, sempre difícil esclarecer os traços específicos do novo espírito científico.[9]

Ao admitir que a ciência progride de forma descontínua, Bachelard propõe uma nova concepção de história das ciências. Até então, fazer história das ciências significava, simplesmente, relatar os fatos e as descobertas científicas situando-os historicamente, pois partia-se do princípio de que a evolução da ciência era um simples acúmulo de teorias que se completavam. Para Bachelard, fazer história das ciências significa analisar a partir do presente as teorias do passado, procurando mostrar como se deu a produção de conceitos científicos, através da superação dos obstáculos epistemológicos, o que só poderá ser feito através de uma história recorrente, em que o conhecimento do presente auxilia na compreensão do passado. Uma das características inovadoras introduzida também por Bachelard é mostrar que é indispensável ao historiador da ciência emitir juízos de valor, o que faz da história das ciências uma atividade eminentemente normativa, contrariando a visão da época que via na neutralidade do historiador um mérito a ser louvado. Para Bachelard, a história das ciências não pode ser um simples relato das descobertas científicas, é imprescindível a crítica, é primordial um julgamento que mostre os

---

9 Id., *Le rationalisme appliqué*, p. 105.

verdadeiros fundamentos das descobertas científicas. Uma história normativa deve ressaltar os valores de racionalidade existentes em uma época, mostrando como estes se formaram ao longo de seu desenvolvimento.

É original ainda a exigência bachelardiana de uma relação entre epistemologia e história das ciências, que, até então, eram disciplinas que se desenvolviam independentemente. Com a exigência de uma história crítica, Bachelard mostra ser indispensável o apoio da epistemologia, que apontaria quais os valores realmente científicos. E, por outro lado, a história iria prover a epistemologia dos dados necessários para uma crítica epistemológica.

A epistemologia de Bachelard é original, pois se impõe como uma crítica à tradição filosófica do Ocidente. Manifesta-se como um pensamento declaradamente antiaristotélico, anticartesiano e antikantiano e, voltando-se para o futuro, abre novos caminhos para a reflexão filosófica e científica.

Ao longo de sua obra, Bachelard critica a noção aristotélica de substância, que, segundo ele, contaminou a racionalidade científica por muito tempo. A ciência da atualidade conseguiu desrealizar seu objeto, abandonando a noção de substância, tornando-se, assim, mais dinâmica e mais racional.

Em *La philosophie du non* Bachelard faz uma crítica à lógica bivalente. Mostra que Aristóteles e Kant tiveram a pretensão de desenvolver "lógicas do objeto qualquer", isto é, lógicas que teriam validade absoluta e irrestrita, na medida em que poderiam ser aplicadas para todo e qualquer objeto. Mas, na verdade, as lógicas aristotélica e kantiana só dizem respeito aos objetos da geometria euclidiana, pois, com o advento da microfísica, a noção de objeto mudou, surgindo, então, a necessidade das lógicas polivalentes que vão conseguir expressar de forma adequada os objetos da ciência contemporânea.

Conforme mostra Bachelard, com o surgimento da Física contemporânea, o criticismo kantiano precisa de uma reformulação profunda, pois as condições *a priori* do conhecimento deixaram de ser condições necessárias na ciência atual, cujos parâmetros epistemológicos são outros.

A epistemologia bachelardiana é também uma epistemologia anticartesiana. Em *La philosophie du non* Bachelard contesta a ideia cartesiana de que a verdade da ciência teria sua garantia na unidade metódica e no fato de que esta partia de noções claras e distintas. Refletindo sobre a modernidade científica, Bachelard mostra que a ciência se tornou mais dinâmica, na medida em que tem como pressupostos conceitos que foram complexificados e com isso passaram a ter em si mesmos um sentido técnico e outro racional. A epistemologia bachelardiana se apresenta como um idealismo discursivo, que, negando a intuição como fundamento do saber, mostra que a verdade não pode ser encontrada na subjetividade da consciência como em Descartes, mas, ao contrário, deve ser alcançada através do diálogo e da polêmica que se dão na cidade científica.

Para Bachelard, não há método único, mas sim pluralidade metódica, não há racionalismo universal, mas sim racionalismos setoriais, e não há categorias *a priori*, pois a razão constrói suas normas ao longo de seu próprio desenvolvimento. Contestando os pressupostos do racionalismo clássico, a epistemologia bachelardiana consegue expressar a dinamicidade e a complexidade que o saber científico da contemporaneidade assumiu em sua nova trajetória de racionalidade.

A originalidade da obra bachelardiana decorre não só de sua ruptura com a tradição, mas também do fato de que esta antecipa questões epistemológicas presentes nas discussões mais recentes.

É nesse sentido que é interessante retomar um artigo de Cavaillés, intitulado *L'epistémologie de Gaston Bachelard et la révolution cybernetique*, no qual ele discute a atualidade da epistemologia de Bachelard, mostrando que esta inaugura reflexões epistemológicas que constituem hoje tema central dos epistemólogos que defendem o Novo Paradigma da ciência.

Para Cavaillés, a expressão "revolução cibernética" não diz respeito somente aos estudos feitos no campo da cibernética, mas significa principalmente nova postura epistemológica que, abandonando os esquemas analíticos e lineares cartesianos, se inscreve no quadro de um pensamento mais atento aos conjuntos do que aos elementos e que pretende explicar o surgimento de novas propriedades pelo jogo de interações. Conforme mostra Cavaillés, a "revolução cibernética", resultante dos trabalhos de Prigogine e da Escola de Bruxelas em Termodinâmica, assim como dos trabalhos de Atlan, que tem como propósito aplicar a teoria da informação à organização biológica, teria sido antecipada por Bachelard.

Nos trabalhos de Prigogine, da Escola de Bruxelas e de Atlan são mobilizados conceitos como "flutuação", "estruturas dissipativas", "bifurcação" e "acaso organizacional", que certamente não pertencem ao vocabulário bachelardiano. Mas por trás desses conceitos operatórios estaria um novo modelo de compreensão que se aproximaria muito da concepção de ciência bachelardiana. O objetivo dos cientistas que exaltam o Novo Paradigma da ciência de hoje, cuja finalidade principal é explicar a Ordem a partir de um estado menos ordenado ou até mesmo desordenado, resume-se em estudar mecanismos de autorregulação ou de auto-organização para mostrar que o equilíbrio dos sistemas resulta de flutuações aleatórias, ou, no caso dos estudos de Atlan, para mostrar que um simples ruído pode perturbar o programa genético. Nesse sentido, a ordem passa a ser compreendida como algo acidental, resultante de flutuações aleatórias e a desordem deixa de ser exceção e passa a ser compreendida como lei. Apesar de conceitos operatórios como os de "sistema aberto", de "sistema complexo" ou de "retroação" usados pelo Novo Paradigma, não aparecerem explicitamente nas análises bachelardianas, temas ligados a esses conceitos como os de abertura, de complexidade e da dialética do novo e do antigo servem como parâmetros da epistemologia bachelardiana, o que permite a Cavaillés dizer que Bachelard antecipou de certa forma temas e reflexões atuais, assim como nova postura epistemológica que marca as discussões da contemporaneidade.

Finalizando este capítulo vamos abordar mais um aspecto da originalidade da epistemologia bachelardiana, a nosso ver fundamental para a compreensão da importância da obra do autor.

Com Bachelard, a ciência deixou de ser uma descrição da realidade para se tornar uma construção, na qual teoria e técnica se dialetizam, produzindo, assim, o objeto a ser conhecido. Nessa ideia, germinam aspectos novos que modificam o conceito de ciência, de objetividade e de objeto científico. A ciência passa a ser produção, e não mais, representação; seu aspecto contemplativo é substituído por uma atividade, o que significa reconhecer a essencial dinâmica que a caracteriza. A objetividade passa a ser uma conquista, somente alcançada após um esforço do sujeito que conhece e que ativamente cria as condições de objetividade. Conforme mostra Bachelard, chega-se a um conhecimento objetivo expondo-se um método de objetivação.

Introduzindo a afirmação de que os dados são resultados, Bachelard modifica completamente a noção anterior de objeto científico. O objeto da ciência não existe na natureza; não é um dado que está pronto, esperando para ser apreendido pelo sujeito. Para Bachelard, o objeto científico é produzido tecnicamente; é um resultado da racionalidade que se realiza pela técnica; é, portanto, construído. Os objetos científicos se situam na zona do racionalismo aplicado, o que nos leva a concluir que não são seres ou dados, mas sim resultados, isto é, objetos de pensamentos e experiências técnicas.

A epistemologia de Bachelard de cunho antidogmático abre novos caminhos para a filosofia e para a ciência. Resgata o corpo e a materialidade, cumprindo sua função primordial, que é clarificar o conhecimento científico e suas novas trajetórias. Conforme mostra este pensador que, rompendo com a tradição, desbravou os caminhos da contemporaneidade, o homem atual chega ao limite de sua sobre-humanidade através da ciência e da poesia que, como função do real e do irreal, substituem a matéria do universo por uma surrelidade.

> Assim, na era da microfísica, fazer ciência não é, apenas, contemplar o universo, mas sim construir, através de pensamento criador e com o auxílio da técnica, um mundo surreal, sempre novo.

CONCLUSÃO

Após a análise do pensamento bachelardiano e mais especificamente da noção de construção do objeto científico, cabe-nos ressaltar o que ficou deste estudo.

Considerando que o papel do filósofo não é, apenas, o de repetir ideias, mas sim o de interpretá-las, pretendemos fazer uma leitura fiel, mas ao mesmo tempo específica do pensamento bachelardiano que tivesse por objetivo ressaltar aspectos que acreditamos fundamentais e que pudesse fornecer ao leitor um instrumental adequado para a compreensão do racionalismo que permeia a ciência da atualidade.

De início, dois fatores se impuseram como desafios a nosso estudo. Foram eles: a riqueza e complexidade da obra bachelardiana e a linguagem ao mesmo tempo ambígua e metafórica do autor abordado. À medida, porém, em que íamos nos aprofundando nos textos epistemológicos e poéticos de Bachelard, esses fatores foram se tornando estímulos que levaram à leitura assídua e cada vez mais atenta do pensador francês, fazendo-nos reconhecer que um pensamento, cuja característica principal é a exaltação da criação e da liberdade, tem necessariamente que se abrir num leque de múltiplas interpretações.

Compreendemos, então, que a complexidade da obra e a afirmação de novas categorias que se apresentavam sob a veste desta linguagem, por vezes metafórica, constituíam exigência primordial de uma epistemologia, cuja proposta principal era a de se tornar adequada à ciência que, então, surgia.

Apesar de Bachelard ter sofrido algumas críticas quanto à ambiguidade da linguagem, foi também enaltecido por comentadores como Quillet, cuja obra, escrita em linguagem metafórica reveladora, enfatiza a riqueza de expressão bachelardiana, afirmando que o filósofo vai da gíria ao francês de laboratório, abusando dos neologismos. É comum haver na epistemologia bachelardiana expressões como "determinismo topológico", "perfil epistemológico", "surracionalismo", "triangulação de consciências" etc. Após uma leitura atenta, tal linguagem nos pareceu adequada e bastante reveladora, pois nos levou a considerar o quanto era importante o emprego de expressão dinâmica e criadora para dar conta do dinamismo e do progresso que caracterizam a ciência de nossos dias.

Por outro lado, a riqueza da epistemologia bachelardiana que se espelhava no uso de novas categorias, como a de "ruptura", a de "corte epistemológico" e a de racionalismos setoriais", permitiam uma compreensão melhor dos parâmetros inovadores da ciência da atualidade.

Nosso objetivo foi entrar na obra bachelardiana pela via da epistemologia, voltando-nos para a noção de construção do objeto científico que consideramos fundamental para a compreensão do racionalismo da ciência atual. Apesar de nos determos, na maior parte do tempo, nos textos do próprio Bachelard, recorremos algumas vezes a interpretações de seus comentadores, o que contribuiu para tornar evidentes as múltiplas facetas de um pensamento verdadeiramente caleidoscópico.

Voltando-se para a análise das geometrias não euclidianas, da teoria da relatividade e das mecânicas quântica e ondulatória, Bachelard explicita a dinâmica da atividade científica, captando a dialética que se faz através da alternância do empírico e do racional numa tentativa de aproximações sucessivas do real.

Procuramos deixar claro que essa dialética representa a própria trajetória de progresso da ciência, retardada em alguns momentos pelos obstáculos que aí interferem, impedindo que se consolidem as construções racionais. Uma psicanálise do conhecimento objetivo é proposta por Bachelard com o intuito de afastar os obstáculos epistemológicos que surgem no próprio ato de conhecer. Isto nos leva a concluir que a objetividade da ciência contemporânea não decorre de simples constatação do real imediato, mas, ao contrário, constitui árdua conquista que resulta de um processo de trocas entre sujeito cognoscente e objeto conhecido e no qual técnica e pensamento se manifestam através de dinamismo criador, levando à construção de um mundo surreal.

Optamos pela análise da tese da construção do objeto científico pois a consideramos fundamental, na medida em que leva à reformulação da noção de "dado", que na filosofia das ciências de então correspondia ao que existia na natureza à espera de ser apreendido pelo sujeito. Procuramos tornar evidente que o objeto científico é hoje um artefato que resulta da construção, na qual se dialetizam razão e técnica. Não poderíamos deixar de ressaltar a importância do contato com os aspectos materiais da realidade no processo de conhecimento, pois o ato de conhecer é, para Bachelard, um contato corpo a corpo entre homem e mundo.

Partindo do princípio de que a epistemologia é importante na época atual, pois contribui para uma reflexão crítica da ciência, que é uma atividade fundamental nas sociedades contemporâneas, não podemos deixar de destacar a importância da epistemologia de Bachelard, que inaugura nova concepção de ciência e de progresso científico. Dedicamos todo um capítulo à análise dos aspectos originais do pensamento bachelardiano, no sentido de mostrar que ele inaugurou nova problemática em filosofia das ciências, voltando-se contra a tradição e antecipando questões que estão presentes nas reflexões epistemológicas da atualidade.

Ao analisar a ideia de construção do objeto científico concluímos que a tese bachelardiana vai alterar completamente o significado de ciência, que deixa de ser uma simples descrição do "dado" imediato para se tornar cada vez mais abstrata, sem, no entanto, prescindir da técnica. Dessa forma, a ciência transcende sua própria finalidade e deixa de ser um conhecimento desinteressado para se transformar num ato de criação do real que tem como uma das metas principais a eficácia.

Considerando que na noção de construção do objeto científico o papel da técnica é fundamental, podemos concluir que a produção científica está em correspondência direta com o estágio de desenvolvimento técnico, o que nos leva a levantar questões a respeito das influências externas sobre a objetividade científica, já que esta dependeria diretamente do avanço técnico de cada época e de cada sociedade.

Devemos ressaltar ainda que a epistemologia de Bachelard é importante porque, além de contribuir com uma reflexão crítica da ciência, mostra qual deve ser o papel da epistemologia atual que não tem mais como objetivo buscar o fundamento ou o limite do conhecimento científico, voltando-se para a análise da prática real e concreta dos cientistas. Depreendemos que tal colocação invalida o caráter absoluto da ciência, atribuindo-lhe um historicismo, isto é, relacionando-a com o momento histórico, assim como com o desenvolvimento da técnica e da racionalidade científica.

Se, como diz Bachelard, o maior mérito está em saber colocar problemas, e não em resolvê-los, e se a epistemologia bachelardiana pode acompanhar as transformações da ciência porque se tomou "aberta", não devemos concluir este trabalho com ideias absolutas e definitivas. Num trabalho sobre Bachelard, o mais adequado e coerente seria finalizar com algumas questões em aberto, que representariam o início de novas pesquisas e estimulariam, assim, o dinâmica do pensamento.

A primeira questão que a Epistemologia de Bachelard e, mais particularmente, sua ideia de construção do objeto científico suscitam ao filósofo é a seguinte:

Se a ciência atual não expressa o real, qual seu verdadeiro objetivo? Seria apenas o de desenvolver a racionalidade do homem ou o de transformar a natureza?

Admitindo que a Epistemologia bachelardiana é uma descrição fiel das características da ciência contemporânea, reconhecemos, entretanto, que constitui apenas uma reflexão sobre a estrutura interna do desenvolvimento científico, sem levar em conta o contexto no qual se desenvolve a ciência. Cabe, então, ao finalizarmos este trabalho, questionar a respeito das influências histórico-sociais sobre uma ciência que tem por fim construir seu objeto. Supondo que deva existir uma relação entre o contexto histórico e essa característica da ciência atual, deixamos em aberto essa questão que poderá vir a ser o tema de uma nova pesquisa.

BIBLIOGRAFIA

Obras de Bachelard

BACHELARD, Gaston. *Essai surla connaissalnce approchée.* 1ª ed., Paris: J. Vrin, 1928. (4ª ed.: Paris, J. Vrin, 1973, 310 p.)

_____. *Études sur l'evolution d'un problème de physique: la propagation thermique dans les solides.* Paris: J. Vrin, 1973.

_____. *La valeur inductive de la relativité.* 1ª ed., Paris: J. Vrin, 1929.

_____. *Le pluralisme cohérent de la chimie moderne.* 1ª ed., Paris: J. Vrin, 1930. (2ª ed.: Paris: J. Vrin, 1973, 235 p.)

_____. *L'intuition de l'instant.* Paris: Denoel, 1985.

_____. *Les intuitions atomistiques.* 1ª ed., Paris: Boivin, 1933. (2ª ed.: Paris: J. Vrin, 1975.)

_____. *Le nouvel esprit scientifique.* 3ª ed., Paris: PUF, 1966.

_____. *La dialectique de la durée.* 1ª ed., Paris: Boivin, 1936.

_____. *La dialéctica de la duración.* Trad. de Rosa Aguilar. Espafia: Villalar, 1918.

_____. *La formation de l'esprit scientifique: contribution à une psychanalyse de la connaissance objective.* 14ª ed., Paris: J. Vrin, 1989.

_____. *La psycanalyse du feu.* 1ª ed., Paris: Gallimard, 1938.

_____. *A psicanálise do fogo.* Trad. de Maria Isabel Braga. Lisboa: Estudios Cor, 1972.

_____. *Lautréamont.* 7ª ed. Paris, José Corti, 1974.

_____. *La philosophie du non*: *essai d'une philosophie du nouvel esprit scientifique.* 1ª ed., Paris: PUF, 1940.

_____. *La filosofia del no*: *ensayo de una filosofia del nuevo espíritu científico.* Trad. de Noemi Florito de Labrune. Buenos Aires: Amarortu, 1970.

_____. *L'eau et les rêves: essai sur l'imaginaire du mouvement.* 10ª ed., Paris: José Corti,1976.

_____. *L'air et les songes: essai sur l'imagination du mouvement.* 10ª ed., Paris, 1976

_____. *La terre et les rêveries de la volonté*: *essai sur les images de force.* 8ª ed., Paris, 1977.

_____. *La terre et les rêveries du repos*: essai sur les images de l'intimité. Paris: Librairie José Corti, 1979.

_____. *Le racionalisme appliqué.* 1ª ed., Paris: PUF, 1949.

_____. *L'activité racionaliste de la Physique contemporaine.* 1ª ed., Paris: PUF, 1951.

_____. *Le matérialisme rationnel.* 3ª ed., Paris: PUF, 1972.

_____. *La poétique de l'espace.* 8ª ed., Paris: PUF, 1974.

_____. *La poétique de la rêverie.* 6ª ed., Paris: PUF, 1974.

_____. *La flamme d'une chandelle.* 5ª ed., Paris: PUF, 1975.

_____. *Études.* Paris: J. Vrin, 1970.

_____. *Bachelard: épistémologie.* 1ª ed., Paris: PUF, 1971. (Textos escolhidos por D. Lecourt.)

_____. *L'engagement racionaliste.* 1ª ed., Paris: PUF, 1972. (Coletânea póstuma de textos.)

_____. *Fragments d'une poétique du feu.* Paris: PUF, 1988. (Obra póstuma.)

_____. *Le droit de rever.* Paris: PUF, 1970.

_____. "La vocation scientifique et l'âme humaine". In: BACHELARD, G.; SCHRÖDINGER, E. et alii. *L'homme devant la science.* Genebra: Editions de la Baconnière, 1953, p. 11-29/175-194. (Discussion.)

_____. "Valeur morale de la culture scientifique" (La communication de Cracovie). In: GIL, D. *Bachelard et la culture scientifique.* Paris: PUF, 1993, p. 7-11.

_____. "Préface à *Je et Tu*". In: BUBER, Martin. *Je et Tu.* Trad. fr. Genivièvе Bianquis. Paris: Aubier, 2002.

_____. *Causeries Le poésie et les éléments.* Paris: INA/ Radio France, 1994.

Obras sobre Gaston Bachelard

Livros

ATIAS, C. e LE MOIGNE, J. L. (orgs.). *Présence de Gaston Bachelard.* Aix en Provence: Librairie de L'Université, 1988.

BARBOSA, Elyana. *Gaston Bachelard: o arauto da pós-modernidade.* 2ª ed., Salvador: Edufba, 1996.

BARSOTTI, Bernard. *Bachelard critique de Husserl: aux racines de la fracture épistémologie-phénoménologie.* Paris: L'Harmattan, 2002.

Benoni da Silva, Ilton. *Interrelação: a pedagogia da ciência. Uma leitura do discurso epistemológico de Gaston Bachelard.* Florianópolis: Editora UNIJUI, 1999.

Bulcão, Marly. *Bachelard: un regard brésilien.* Prefácio de François Dagognet, Paris: Editeur L'Harmattan, 2006.

Bulcão, Marly e Cesar, Constança Marcondes (org.). *Perspectivas filosóficas de expressão francesa.* Rio de Janeiro: Editora Booklink, 2007.

Bulcão, Marly e Pouliquen, Jean Luc. *Une philosophe au Brésil – entretiens avec Jean-Luc Pouliquen.* Hyères: Les Cahiers de Garlaban, 2005.

Bulcão, Marly (org.). *Bachelard: Raison et Imagination.* Feira de Santana, 2005.

_____ (org.). *Bachelard: Razão e Imaginação.* Feira de Santana, 2005.

Bulcão, Marly e Barbosa, Elyana. *Bachelard, pedagogia da razão, pedagogia da imaginação.* Petrópolis: Editora Vozes, 2004.

Bulcão, Marly. *O racionalismo da ciência contemporânea – uma análise da epistemologia de Gaston Bachelard.* 2ª ed., Londrina: UEL-Universidade Estadual de Londrina.

_____. *O Racionalismo da Ciência Contemporânea – uma análise da epistemologia de Gaston Bachelard.* Rio de Janeiro: Edições Antares, 1981.

_____. "Bachelard, Imagem e Criação: Uma Análise da Poesia Primitiva e Visceral de Lautréamont". In: Bulcão, Marly e César, Constança Marcondes. *Perspectivas filosóficas de expressão francesa.* Rio de Janeiro: Editora Booklink, 2007.

_____. "O Binômio Natureza-Cultura: a perspectiva de Gaston Bachelard". In: *Natureza, Cultura e Meio Ambiente,* Campinas: Alínea Editora, 2006, p. 27-34.

——. "O vôo ascensional do instante fecundo". In: Bulcão, Marly (org.). *Bachelard: Razão e Imaginação.* Feira de Santana, 2005, v. 1, p. 143-149.

_____. *Bachelard: razão, imaginação criadora e jogo inesgotável de palavras.* In: Maluf, Ued (org.). *Epistemologias não ordinárias.* 1ª ed., Rio de Janeiro, 2004, v. 1, p. 161-174.

_____. "O Binômio Razão-Imaginação: duas perspectivas divergentes". In: Cunha, Maria Helena Lisboa da (org.). *A Morte da Arte.* Rio de Janeiro, 1995, v. 1, p. 61-77.

_____. "Razão Artesã x Razão Contemplativa". In: Hühne, Leda Miranda (org.). *Razões.* Rio de Janeiro, 1994, v. 1, p. 101-122.

_____. "Interdisciplinaridade no Ensino da Filosofia para a Área de Ciências Naturais e Biológicas". In: Capalbo, Creusa (org.). *Sobre a Interdisciplinaridade no Ensino da Filosofia.* Rio de Janeiro, 1993, v. 1, p. 56-74.

_____. "Razão e Descontinuidade na Ciência Contemporânea: duas perspectivas diferentes". In: Évora, Fátima R. R. (org.). *A ciência no século XIX.* Campinas, 1993, p. 261-272.

_____. "Bachelard, Lautréamont e Caillois dinanzi alle linee di forza dell'immaginazione". In: Chiori, Valeria e Raio, Giulio (org.). *Bachelardiana-Immaginazione Materiale.* 1ª ed., Genova: Recco, 2007, p. 19-28.

_____. "Raison, Discontinuité et Éducation-Gonseth et Bachelard face à une philosophie ouverte". In: Wunenburger, Jean-Jaques (org.). *Bachelard, Gonseth, Piaget: l'éducation ouverte.* Dijon: Edit. Université de Bourgogne, 2007, v. 1, p. 179-186.

_____. Feu et Rêverie:le complexe d'Empédocle. In: Courtois, Martine (org.). *Limaginaire du feu-Approches bachelardiennes.* Lyon: Jaques André Editeur, 2007, p. 125-129.

_____. *Image et Création: une visite au lautreamontisme bachelardien in Revue Figures.* Número especial intitulado "Imaginaire, Art e Thérapie", Centre Gaston Bachelard de Recherche sur l'Imaginaire et la Ractionalité, Dijon, França, 2007.

_____. "L'envol de la raison humanisée". In: Emery, Eric (org.). *Pensée et Science au XX siècle.* 1ª ed., Lausanne: L'Age d'Homme, 2006.

_____. "Raison et Imagination: création et jeu inépuisable de mots". In: Wunenburger, Jean-jacques; Libis, Jean; Perrot, Maryvonne (orgs.). *Bachelard et l'Écriture.* Dijon, 2004, v. 1, p. 53-62.

Bulcão, Marly e Meyer, André. *Água das origens.* DVD, 2005. Meio de divulgação: Impresso; Tipo de evento: Criação; Inst. promotora: UFRJ; Brasil.

Caillies, Christian *et al. Gaston Bachelard: du rêveur ironiste au pédagogue inspiré.* Dijon: CRDP, 1984.

Canguilhem, Georges. *Études d'Histoire et de Philosophie des sciences.* 1ª ed., Paris: J. Vrin, 1968. (3ª ed.: Paris: J. Vrin, 1975)

_____. *L'histoire des sciences dans l'oeuvre épistémologique de Gaston Bachelard,* p. 173-187.

_____. *Gaston Bachelard et les philosophes,* p. 187-196.

_____. *Dlalectique et philosophie du non chez Gaston Bachelard,* p. 196-207.

_____. "*Sur une épistémologie concardataire. Hommage à Gaston Bachelard*". 14ª ed., Paris: PUF, 1957.

_____. "Sobre uma epistemologia concordatária". In: *Epistemologia*. Rio de Janeiro: Edições Tempo Brasileiro, 1972, p. 95

CARIOU, Marie. *Bergson et Bachelard*. Paris: PUF, 1995.

CARVALHO, Miriam T. F. de. A importância da questão do tempo na estética de Bachelard. *Anais do Colóquio "Morte de Arte Hoje"*. Belo Horizonte: Laborat. de Estética, UFMG, 1993.

CASTELLANA, Mario. *Bachelard*. Trad. Alberto Campos. Lisboa: Edições 70, 1986.

_____. *Epistemologia debole. Bachelard, Desanti, Raymond*. Verona: Bertoni Editori, 1985.

_____. *Il Protagoro. Gaston Bachelard – Balancio crítico di una epistemologia*. Lecce: Saggi e Ricerche, 1984.

CAWS, Mary Ann. *Surrealism and the literary imagination*. Haia/Paris: Mouton & Co., 1966.

DAGOGNET, François. *Bachelard*. Tradução: Alberto Campos. Lisboa: Edições 70, 1995.

_____. *Gaston Bachelard* (Col. *Philosophes)*. 1ª ed., Paris: PUF, 1965.

DAMIEN, Robert e HUFSCHMITT, Benoît (orgs.). *Bachelard: Canfiance raisonnée et défiance rationnelle*. Besançon: PUFC, 2006.

DENIS, Anne Marie. "*El psicoanálisis de la razón de Gaston Bachelard*". Introducción a Bachelard. Argentina, Ed. Caldén, 1973, p. 77.

FABRE, Michel. *Bachelard éducateur*. Paris: PUF, 1995.

_____. *Gaston Bachelard et la formation de l'homme moderne*. Paris: Hachette, 2001.

FELÍCIO, Vera Lúcia. *A imaginação simbólica nos quatro elementos bachelardianos*. São Paulo: Edusp, 1994.

Gagey, Jacques. *Gaston Bachelard ou la conversion à l'imaginaire.* Paris: Marcel Rivière et Cie., 1969.

Gayon, Jean; Wunenburger, Jean-Jacques. *Bachelard dans le monde.* Paris: PUF, 2000.

Georges, J. *Bachelard, l'enfance et la pédagogie.* Paris: Éditions du Sarabée, 1983.

Gil, D. *Bachelard et la culture scientifique.* Paris: PUF, 1993.

Ginestter, P. *Pour connaire la pensée de Bachelard.* Paris: Bordas, 1968.

Japiassu, H. *Para ler Bachelard.* 2ª ed., Rio de Janeiro, Francisco Alves, 1976.

Jean, George. *Bachelard, la infancia y la pedagogia.* Trad. de Juan José Utrilla, México, El Fondo de Cultura Economica, 1989.

Jones, Mary MacAllester (org.) *The philosophy and poetics of Gaston Bachelard.* Boston: University Press of America, 1989.

_____. *Gaston Bachelard: subversive humanist (texts and readings).* Wisconsin: The University of Wisconsin Press, 1991.

Lacroix, J. et alii. *Introducción a Bachelard.* Buenos Aires, Calden, 1913.

Lacroix, J.; Canguilhem, G. et alii. *Intrducción a Bachelard.* Buenos Aires: Ed. Caldén, 1973.

Lafrance, Guy. *Gaston Bachelard profils épistémologiques.* Ottawa: l'Université d'Ottawa, 1987.

Lecourt, Dominique. *Bachelard: épistemologie.* (testes choisis) 2ª ed., Paris: PUF, 1974.

_____. *Bachelard, le jour et la nuit.* Paris: Bernard Grasset, 1974.

_____. *L'épistémologie historique de Gaston Bachelard.* 1ª ed., Paris: J. Vrin, 1969. (4ª ed., Paris: J. Vrin, 1970.)

_____. *Pour une critique de l'épistémologie (Bachelard, Canguilhem, Foucault)*. Paris: Maspero, 1972.

Lescure, Jean. *Bachelard au jour d'hui.* Paris: Clancier-Guénaud, 1986.

_____. *Un été avec Bachelard.* Paris: Luneau-Ascot Ed., 1983.

Libis, Jean. *Bachelard et la mélancolie, l'ombre de Schopenhauer dans la philosophie de Gaston Bachelard.* Villeneuve d'Ascq: Ed. Septentrion, 2002.

_____. *Gaston Bachelard un rationaliste romantique.* Dijon: Éditions Universitaires de Dijon, 1997.

_____. *Cahiers Gaston Bachelard,* n. 1. Dijon: Éditions Universitaires de Dijon, 1998.

_____ (org.). *Cahiers Gaston Bachelard,* n. 3. Dijon: Éditions Universitaires de Dijon, 2001.

Mansuy, Michel. *Gaston Bachelard el les éléments.* Paris: J. Corti, 1967.

Marcondes Cesar, C. *Bachelard: ciência e poesia*, São Paulo: Edições Paulinas, 1989.

_____. *A hermenêutica francesa: Bachelard.* Campinas: Alina, 1996.

Margolin, Jean-Claude. *Bachelard.* Paris: Seuil, 1974.

Marie, Charles P. *De Bergson à Bachelard – essai de poétique essentialiste.* Dijon: EUD, 1995.

Nouvel, Pascal e Libis, Jean. *Gaston Bachelard: un rationaliste romantique*. Dijon: EUD, 1997.

Nouvel, Pascal (org.). *Actualité et postérités de Gaston Bachelard.* Paris: PUF, 1997.

Onfray, Michel. *Hommage à Bachelard.* Paris: Éditions du Regard, 1998.

Parente, Letícia. *Bachelard e a Química no ensino e na pesquisa.* Fortaleza: Editora Universidade Federal do Ceará (UFC), 1990.

Pouliquen, Jean-Luc. *Gaston Bachelard ou le rêve des origines.* Paris, L'Harmattan, 2007.

Préclaire, Madeleine. *Une poétique de l'homme: essai sur d'imagination d'après l'oeuvre de Gaston Bachelard.* Quebec: Les éditions Bellarmin, 1971.

Perrot, Marryvonne. *Bachelard et la poétique du temps.* Frankfurt: Peter Lang, 2000.

Quillet, P. *Bachelard.* 1ª ed., Paris: Seghers, 1970.

_____. *Bachelard.* Trad. de Cesar Augusto Chaves Fernandes. Rio de Janeiro: Zahar, 1977.

Quillet, Pierre. *Introdução ao pensamento de Bachelard.* Trad. César A. Fernandes. Rio de Janeiro: Ed. Jorge Zahar, 1977.

Roupnel, G. "*Gaston Bachelard*". *Le Miroir Dijonnais et de Bourgogne.* Paris, setembro de 1939, p. 178-186.

Ruby, Christian. *Bachelard.* Paris: Ed. Quintette, 1998.

Roy, Olivier. *Le esprit scientifique de Bachelard.* Paris: Ed. Pedagogie Moderne, 1979.

Schaettel, Marcel. *Gaston Bachelard. Le rêve et la raison.* S.l.: Editions de Saint-Seine-l'Abbaye, 1996.

Shaettel, Marcel. *Bachelard critique ou l'alchimie du rêve.* Lyon: Ed. L'Hermes, 1977.

Silva, Luzia Batista de Oliveira. *Psicanálise, poética e epistemologia: a contribuição de Gaston Bachelard.* Londrina: Editora da Universidade de Londrina (UEL), 1999.

Souville, Odite. *L'homme imaginatif. De la philosophie esthétique de Bachelard.* Paris: Lettres Modernes, 1995.

THERRIEN, Vincent. *La révolution de Gaston Bachelard en critique littéraire*. Paris: Ed. Klincksieck, 1970

TILES, Mary. *Bachelard: science and objectivity*. London: Cambridge University Press, 1984.

VADÉE, Michel. *Bachelard ou le nouvel idéalisme épistémologique*. 1ª ed., Paris: Ed. Sociales, 1975, 304 p.

VINTI, Carlo. *Il Soggetto Qualunque – Bachelard fenomenologo della soggevità epistemica*. Perugia: Publicazione dell'Università degli Studi di Perugia, 1997.

WUNENBURGER, J. (org). *Cahiers Gaston Bachelard*, Université de Bourgogne, n. 1, Dijon, Editions Université de Dijon, 1998.

_____ (org.). *Cahiers Gaston Bachelard*. n. 2. Dijon: Éditions Universitaires de Dijon, 1999.

_____. *Bachelard et l'epistemologie française*. Paris: PUF, 2003.

_____. *Pour une critique de l'épistémologie*. Paris: Librairie François Maspero, 1972. *Para una crítica de la epistemología*. Argentina: Siglo Veintiuno, 1973.

_____. *Bachelard: le jour et la nuit*. Paris: Orasse, 1974.

COLLOQUE DE CERISY. Bachelard. n. 10/18. Paris: Unión Générale D'Éditions, 1974.

Colloque du Centenaire – l'homme du poème et du theorème. Dijon: Éditions Universitaires de Dijon, 1986. Centenário de Bachelard.

VV. AA. *Hommage a Gaston Bachelard*. Paris: PUF, 1957.

BARBOSA, Elyana (org.). *Revista Ideação*. Bachelard. Feira de Santana (BA): Núcleo Interdisciplinar de Estudos e Pesquisas em Filosofia, 2003. (Número dedicado a Bachelard.)

Revista Reflexão. Colóquio sobre Bachelard. Campinas (SP), Instituto de Filosofia PUC-CAMP, n. 62, 1995. (Número dedicado a Bachelard.)

Révue Internationale De Philosophie (ed.) n. 150. Bruxelas, 1984. (Número dedicado a Bachelard.)

Denis, Anne-Marie. *El Psicoanálisis de la razón de Gaston Bachelard.* Buenos Aires: Caldén, 1975, p. 77-96.

Lacroix, Jean. *Gaston Bachelard: el hombre y la obra.* Buenos Aires: Caldén, 1973.

Artigos

Alunni, Charles. "Relativités et puissances chez Gaston Bachelard". In: *Revue de Synthèse*, n. 1, janv.-mars, 1999, p. 73-110.

Ambacher, Michel. "La Filosofia de las ciências de Gaston Bachelard". In: *Introducción a Bachelard.* Buenos Aires: Cálden, 1975.

Araújo, Laís. "Bachelard *vs.* Bachelard: uma poética de contradições". In: *Revista Vozes*, ano 74, vol. LXXIV, nov. 1980, n. 9, p. 685-694.

Barbosa, Elyana. "A leitura descontinuista da História das ciências em G. Bachelard e A. Koyré". In: *Livro de Resumos.* 1º Congresso Luso-Brasileiro de Ciências e da Técnica, Portugal: Universidade de Évora, 2000, p. 223.

_____. "A Questão da objetividade científica em Gaston Bachelard". In: *Revista Universitas*, Salvador, n. 29, jan./abr. 1982, p. 135-146.

_____. "As repercussões das Teorias da Relatividade e da Mecânica ondulatória no pensamento francês contemporâneo: Bachelard e Foucault". Feira de Santana (BA), 1997.

______. "Bachelard: o filósofo da ruptura". In: *Revista Reflexão*, Colóquio Bachelard. Campinas, n. 62, maio/ago., 1995, p. 102-108.

______. "Epistemologia e práticas científicas". In: *Caderno CRH*, Salvador, n. 19, p. 149-157, 1993.

______. "L'histoire dês sciences selon G. Bachelard, A. Koyré et G. Ganguilhem: une lecture descontinuiste". In: *Cahiers Gaston Bachelard*, n. 9, Dijon: Éditions Universiaire de Dijon, 1999.

BARONE, Francesco. "Verita'ed'errone' nell'epistemologia di Gaston Bachelard". In: *Révue Internationale de Phylosophie,* Bruxelas, n. 22, 1963, p. 453-476.

BERNARD, Michel-G. "L'Imagination parlée". In: *L'Arc*, n 42, 1970, p. 82-89.

BLANCHOT, Maurice. "Vaste comme la nuit". In: _____. *L'entretien infini*. Paris: Gallimard, 2003.

BOUREL, Dominique. "De Bar-sur-Aube à Jerusalem. La correnpondance entre Gaston Bachelard et Martin Buber". In: *Révue Intrenationale de Philosophie,* Bruxelas, n. 150, 1984, p. 201-216.

BULCÃO, Marly. "Prefácio". In: Pouliquen, Jean-Luc. *Gaston Bachelard ou le revê des Origines*. Paris, L'Harmattan, 2007.

_____. "Apresentação". In: BULCÃO, Marly (org.) *Bachelard: Razão e Imaginação.* Feira de Santana, 2005, v. 1, p. 13-15.

_____. "Bachelard, imagem e criação: uma análise da poesia primitiva e visceral de Lautréamont". In: *Reflexão*, Campinas, v. 1, 2006 p. 83-89.

_____. "Bachelard: a noção de imaginação". In: *Reflexão.* Campinas, v. 1, 2005, p. 11-14.

_____. "Por uma razão dialogada". In: *Cadernos de filosofia contemporânea.* Rio de Janeiro, v. 1, n. 3, 2003 p. 5-13.

_____. *Contribuições para uma pedagogia da razão e da imaginação.* Goiânia, Goiás: Educativa, v. 5, n. 2, 2002, jul./ dez., p. 283-297.

Bulcão, Marly. "Reflexão ou Dialógica: vias para a constituição de uma ética". In: *Reflexão*. Campinas – PUC-CAMP, v. 1, n. 70, 1998, p. 11-16.

_____. "Os caminhos do super-homem". In: *Reflexão.* Campinas – PUC CAMP, v. 1, n. 62, 1996, p. 69-80.

_____. "Materialismo, Dialética e Trabalho: uma perspectiva diferente". In: *Revista Filosófica Brasileira.* Rio de Janeiro – UFRJ, v. 4, n. 1, 1993, p. 62-74. Depto. de Filosofia – UFRJ.

_____. "A contribuição da epistemologia de Gaston Bachelard para a questão da objetividade histórica". In: *Reflexão.* Campinas – PUC CAMP, v. 1, n. 2, 1985.

_____. "A noção de tempo em Cassirer e Bachelard". In: *Reflexão.* Campinas – PUCCAMP, v. 1, n. 29, 1984, p. 10-15.

_____. "A questão do imaginário em Freud e Bachelard". In: *Reflexão*. Campinas – PUC CAMP, v. 1, n. 21, 1981, p. 54-66.

_____. *Image et création: une visite au lautréamontisme bachelardien.* Cahier. Centre de Recherches sur l'Image le Symbole et le Mythe, v. 1, 2006, p. 89-97.

_____. "L'envolascensionnel de l'instant fecond". In: *Bulletin de L'associacion Des Amis de Gaston Bachelar*. Dijon-França, v. 1, n. 6, 2004, p. 31-38.

_____. "Raison et imagination:création et jeu inepuisable de mots". In: Cahiers Gaston Bachelard, Dijon-França, v. 1, 2004, p. 53-62.

_____ "Les chemins de surhomme". In: *Cahiers Gaston Bachelard.* Dijon, França, v. 1, n. 4, 2002, p. 28-36.

_____ "Présentation". In: *Cahiers Gaston Bachelard n. 2*. Dijon, França, v. 1, n. 2, 2002, p. 11-13.

_____. "Le jeu enivrant de la raison: mathematique ou travail artisanal createur". In: *Cahiers Gaston Bachelard.* Dijon-França, v. 1, n. 2, 2000, p. 28-36.

CABRAL, Elisa Maria. "Em busca das metáforas perdidas: uma experiência de realização de vídeos a partir da obra de Gaston Bachelard". In: *Revista Política e Trabalho.* João Pessoa: Editora Manufatura, n. 15, 1999, p. 141-150. Programa de Pós-Graduação em Ciências Sociais (UFPB/PPGS).

CASTELÃO-LAWLESS, Teresa. "Phenomenotechnique in historical perspective: its origns and implications for philosophy of science". In: *Journal of the philosophy science association.* Vol. 62, n. 1, march, 1995.

_____. "La création et le développement de la phénoménotechnique dans l'oeuvre de Gaston Bachelard". In: *Cahiers Gaston Bachelard,* n. 1. Dijon-França, 1998, p. 49-57.

_____. "La phénoménotecnique dans la perspective historique: ses origines et ses influences sur la philosophie des sciences". In: *Cahiers Gaston Bachelard,* n. 7. Dijon-França, 2005, p. 106-125.

CARVALHO, Miriam T. F. de. "A imaginação da água no vazio do desabitar: O espaço e o tempo em 'A terceira margem do rio'". In: *Revista Filosófica Brasileira.* Rio de Janeiro, UFRJ, 1993, p. 75-90.

CÉLIS, Raphël. "De la phénoménologie de l'imagination à la poétique de la rêverie. Edmund Husserl et Gaston Bachelard". In: CÉLIS, R.; MADOU, J.-P. e VAN EYNDE, L. *Phénoménologies et imaginaire.* Paris: Ed. Kimé, 2004, p. 237-253.

CHRISTOFIDES, C. G. "Bachelard's aesthetics". In: *Journal of Aesthetics and art criticism,* 20. 1962, p. 263-271.

_____. "Gaston Bachelard and the Imagination of the matter". In: *Révue Internationale de philosophie.* Bruxelas, n. 66, 1963, p. 477-491.

Dagognet, François. "Gaston Bachelard, philosophie de l'imagination". In: *Révue Internationale de Philosophie.* Bruxelas, n. 15, 1960, p. 32-42.

_____. "Le matérialisme rationnel de Gaston Bachelard". In: *Cahiers de l'Institut de Sciences Économiques Apliquées.* Paris, 1972.

_____. "Brunschvicg et Bachelard". In: *Revue de métaphysique et de morale*, n. 1. Paris: PUF, janvier-mars, 1965, p. 43-54.

Desanti, Jean-Toussaint. "Gaston Bachelard ou La surveillance intelectuelle de soi". In: *Révue Internationale de Philosophie,* Bruxelas, n. 150, 1984, p. 198-272.

Dufrenne, M. "Gaston Bachelard et la poesie de l'imagination". In: *Les Études Philosophiques,* n. 4. Paris, 1963, p. 394-407.

Durand, Gilbert. "Science objective et conscience symbolique dans l'oeuvre de Gaston Bachelard". In: *Cahiers international de symbolisme,* n. 4. Grenoble, 1964, p. 41-59.

Fichant, Michel. "Gaston Bachelard, ou la philosophie et ses doubles". In: *Le cahiers de Fontenay.* ENS de Fontenay aux roses, n. 1 (Philosophie), nov., 1975.

Fondaine, Benjamin. "A propos du *Lautréamont* de Bachelard". In: ___. *Le lundi existentiel.* Monaco: Ed. Du Rocher, 1990.

Gouhier, Marie-Louise. "L'accommodement et la rupture". In: *Colloque de Cerisy-Bachelard.* Cerisy, p. 160-175.

Hypollite, Jean. "Gaston Bachelard ou le romantisme de l'intelligence". In: *Hommage a Gaston Bachelard.* Paris: PUF, 1957, p. 13-27.

_____. "L'épistémologie de Gaston Bachelard". In: *Figures de la pensée philosophique*. Paris: PUF, 1978, t. II, p. 661-674.

HYPOLLITE, Jean. "L'imagination et la science chez Gaston Bachelard". In: *Figures de la pensée philosophique*. Paris: PUF, 1978, t. II, p. 675-683.

JEAN, Raymond. "Lieu de la Réverie bachelardienne". In: *L'Arc*, Aix-en-Provence, n. 42, 1970, p. 76-81.

LECOURT, Dominique. "De Bachelard au materialisme historique". In: *L'Arc*. Paris, n. 42, 1970, p. 5-13.

LESCURE, Jean. "Souvenir de Bachelard". In: *Colloque de Cerisy*. Paris: Unión Génerale d'Editions, n. 19/18, 1974, p. 225-40.

_____. "L'Ituition de l'istant" (Posfácio). In: _____. *Introduction à la poétique de Gaston Bachelard*. Paris: Gonthier, Méditations, 1966, p. 113-149.

_____. "Introduction à la poétique de Bachelard". In: BACHELARD, G. *L'intuition de l'instant*. Paris: Stock, 1992, p. 113-149.

LIBIS, Jean. "Bachelard et la vacance du politique". In: BULCÃO, M. *Bachelard: razão e imaginação*. Feira de Santana UEFS/NEF, 2005.

MANSUY, Michel. "O problema da evolução do conhecimento científico no idealismo francês". In: *Revista Reflexão*, São Paulo, n. 14, 1979, p. 67-73.

MARCONDES CESAR, Constança. "A crítica de Bachelard à duração bergsoniana". II Semana Internacional de Filosofia, Petrópolis, 1974. Atas. *Filosofia e Realidade Brasileira*, vol. I. Rio de Janeiro, Sociedade Brasileira de Filósofos Católicos, 1976, p. 386-392.

_____. "O conceito de ciência em Gaston Bachelard". In: *Revista Convivium*, ano XVI, n. 20, 1977, p. 557-567.

_____. "Bachelard e Heidegger". In: *Revista Reflexão,* Campinas, n. 11-12, 1978, p. 419-425.

_____. "Conceito de ciência em Gaston Bachelard". IV Semana Internacional de Filosofia, Curitiba, 1978. Atas. *A Filosofia e as Ciências.* Rio de Janeiro, 1978, p. 206-211.

MARTIN, Jean-Claude. "Dialetique et esprit scientifique chez Gaston Bachelard". In: *Les Études philosophiques.* Paris, n. 4, 1963, p. 409-419.

MARTIN, Roger. "Bachelard el les mathématiques". In: *Colloque de Cerisy.* Paris: Unión Génerale d'Éditions, n. 10/18, 1974, p. 46-67.

MINKOWSKI, E. "Imagination?". In: *Révue Internationale de Philosophie.* Bruxelas, n. 51, 1960, p. 3-31.

_____. "Vers quel horizons nous emmène Gaston Bachelard?". In: *Révue Internationale de Philosophie.* Bruxelas, 1966, p. 419-440.

NICOLAS, Florence. "Les axes inverses de la poésie et de la science". In: *Bulletin de l'Association des Amis de Gaston Bachelard,* n. 7, 2005, p. 7-35.

OLIVEIRA, M. Elisa de. "O tempo vertical e a dimensão do poético na obra de Clarice Lispector: Uma leitura bachelardiana". In: *Discurso,* São Paulo, n. 23, 1994, p. 177-190.

OUDEIS, Jacques. "L'idée de rupture épistémologique chez Gaston Bachelard". In: *Revue de l'enseignement philosophique,* n. 3, 1971, p. 1-25.

PAISSE, J. M. "Approches du racionalisme de Gaston Bachelard". In: *Bulletin Assoc. G. Budé,* Paris, n. 54, 1971, p. 1-24.

PARIENTE, Jean-Claude. "Rationalisme et ontologie chez Gaston Bachelard". In: *Bulletin de la société française de philosophie.* Paris: Armand Colin, n. 1, janvier-mars, 1985.

PARKER, Noël. "Science and poetry in the ontology of human freedom: Bachelard's account of the poetics and scientific imagiantion". In: JONES, Mary MacAllester (org.). *The philosophy and poetics of Gaston Bachelard.* Boston: University Press of America, 1989, p. 75-100.

PESSANHA, José Américo. "As asas da imaginação". In: BACHELARD, G. *O direito de sonhar.* Trad.: José A. M. Pessanha et alii. Rio de Janeiro: Bertrand Brasil, 1994, p. v-xxxi.

_____. "Bachelard e Monet: o olho e a mão". In: NOVAES, A. (org.). *O olhar.* São Paulo: Companhia das Letras, 1988, p. 149-166.

_____. "Bachelard – vida e obra". In: *Os Pensadores.* São Paulo: Editora Abril Cultural, 1988. Coleção, volume especial (s/n).

POIRIER, Jacques. "Gaston Bachelard: vers une psychanalyse et au-delà". In: *Cahiers Gaston Bachelard,* n. 6, 2004, p. 24-36.

POULET, Georges. "Bachelard et la conscience de soi". In: *Revue de métaphysique et de morale,* n. 1, janvier-mars, 1965, p. 1-26.

RAMNOUX, Clemence. "Bachelard a sa table d'écriture". In: *Revue Internationale de Philosophie.* Bruxelas, n. 150, 1984, p. 217-230.

RAMNOUX, Clemence. "Monde et solitute ou de l'ontologie de Bachelard". In: *Colloque de Cerisy.* Paris: Unión Génerale d'Editions, n. 10/18, 1974, p. 330-354.

_____. "Avec Gaston Bachelard vers une phénoménologie de l'imaginaire". In: *Revue de métaphysique et de morale,* n. 1, janvier-mars, 1965, p. 27-42.

_____. "Pour un nouveau tissu linguistique de la philosophie". In: *Revue de métaphysique et de morale*, n. 4, oct.-déc., 1979, p. 521-535.

Ternes, José. "Bachelard e o direito de sonhar". In: Monini, I. (org.). *Sonho*. Goiânia: Educg, 1998, p. 57-66.

_____. "Bachelard e o novo espírito científico". In: *Revista Philósophos.* Goiânia: Edufg, v. 2(1), jan./jun., 1997, p. 109-120

Védrine, Hélene. *Le épistémologique. L'Arc,* n. 42, 1970, p. 55-61.

Impressão e acabamento
Gráfica e Editora Santuário
Em Sistema CTcP
Rua Pe. Claro Monteiro, 342
Fone 012 3104-2000 / Fax 012 3104-2036
12570-000 Aparecida-SP